Fritz Manfred Geppert

Erfolgsspuren

100 Jahre
Alpiner Skirennsport in Deutschland

Zu Titeln und Podesten

Bibliografische Information der Deutschen Nationalbibliothek:

Die Deutsche Nationalbibliothek verzeichnet dieser Publikation
in der Deutschen Nationalbibliografie; detaillierte biliografische
Daten sind im Internet über http://dnb.de abrufbar

© 2024 Fritz Manfred Geppert
Herstellung und Verlag:
BoD – Books on Demand, Norderstedt
ISBN: 9783758374449

Es sind 56 Damen und 56 Herren, die in der zurückliegenden Zeit von nunmehr fast 100 Jahren, von den Anfängen des alpinen Skirennsports bis heute die Spuren von Erfolgen im Schnee der Pisten für sich und Deutschland hinterlassen haben. Mit der Veröffentlichung dieser auch historisch zu betrachtenden Publikation werden Höhepunkte und Ergebnisse von Olympischen Spielen, Weltmeisterschaften, wie die von FIS-, nachfolgend Weltcuprennen unserer ehemaligen, wie der auch noch aktuellen Aktiven in chronologischer Reihung, textlich und grafisch informativ aufgearbeitet.

Anmerkung:

In dieser dem Leser vorliegenden aktuellen Ausgabe meines Buches habe ich Ergänzungen und Korrekturen vorgenommen, die dem gegenwärtigen Stand von Entwicklung und Information im Sport allgemein geschuldet sind.

Der Autor

Über den Autor:

Fritz Manfred Geppert ist 1937 in Wünsdorf bei Zossen, 40 km südlich von Berlin in der Mark Brandenburg geboren. Das Schreiben hat dem heute 86-jährigen von Schülerzeiten an Freude bereitet. Sei es als biografische Replik, als ein historisch spannend fantasievoller Exkurs, oder wie im vorliegendem Buch zu lesen und nachzuschlagen, die Aufarbeitung eines Themas aus dem Spektrum des Sports. Seit 1955 lebt er mit seiner Familie in der Wetterau zwischen den Höhenzügen von Taunus und Vogelsberg.

Inhalt

Einführung

Als einem der vielen großen Anhänger des alpinen Skisports verfolge ich schon Jahrzehnte die Erfolge von deutschen Rennläufern bei den Damen und Herren. Die Faszination dieses Sports ist atemberaubend wie auch spannend. Die Technik, das rasante Tempo, und das alles bei hohem Risiko beim Abfahrtslauf und Su-G, die Geschmeidigkeit, Beweglichkeit der alpinen Rennläufer zwischen den roten und blauen Stangen beim Slalom und Riesenslalom deuten uns, den Zuschauern den immensen Aufwand für das Training der Aktiven im Kreis der Spitzenklasse an. Dazu gesellt sich der enorme Spannungsbogen beim Zieldurchlauf der Rennläufer, wenn nicht Zehntel, sondern Hundertstel Sekunden zwischen Sieg und Niederlage entscheiden. Die Anspannung, unbändige Freude beim Blick auf die Zeitmessung, die Erwartung auf einem Podestplatz oder doch eine sehr gute Platzierung zu erzielen, oder eine Enttäuschung wegzustecken zu müssen, ist jedem Läufer im Gesicht abzulesen.

Wie schon am Anfang meiner Ausführungen erwähnt, registriere ich seit vielen Jahrzehnten die Daten und Ergebnisse, die deutsche Rennläufer und Läuferinnen auf den Rängen von Eins bis Drei seit dem Beginn des alpinen Rennsports, den FIS-Rennen, später dem Weltcup, bei Weltmeisterschaften und Olympischen Spielen erzielten.

Mein Anliegen beim Verfassen und der Herausgabe dieser Dokumentation war es, eine umfassende transparente Ergebnisorientierung von deutschen Alpinen bei internationalen Wettbewerben ab Ende der Zwanzigerjahre des 19.Jahrhunderts in historisch, chronologischer Gesamtübersicht zu präsentieren. In dem ihnen hier vorliegenden Buch als Paperback verlegt, sind die Ergebnisse und Namen der Sportler verzeichnet, die einen der Ränge Eins bis Drei in den Disziplinen des alpinen Skirennsport belegt haben, die jeweils von deutschen Alpinen, neben der internationalen Konkurrenz errungen wurden. In tabellarischer Form werden hier die Podestplatzierungen aller Aktiven von den Anfängen bis zum zum dato im alpinen Leistungssport vor annähernd 100 Jahren aufgeführt. Zudem wird jedem Aktiven, Damen wie bei den Herren in dieser Dokumentation eine kurze Sportler-Biografie, so weit Daten zu ermitteln waren, vorangestellt.

Bis zum Zeitpunkt der Einführung des Alpinen Weltcups für den Damen- und Herrenbereich, als der höchsten Leistungs-Klassifizierung im Jahr 1967 durch den internationalen Verband der FIS, der „Federration Internationale de Ski" wurde für die alpinen Rennen die Kennung „FIS-Rennen" verwendet.

Die Bedeutung und Beachtung für den Skisport ging mit einem arrivierten und attraktiven Veranstaltungsort, und den später eingeführten FIS-Klassifizierungen von oben nach unten (FIS-A, FIS-B, Europacup Rennen) , unter der Aufsicht von FIS-Funktionäre einher. Wie schon vermerkt, werden seit dem Jahr 1967 die Rennen im internationalen Vergleich unter dem Synonym WC (Weltcup) als deren höchster Klassifizierung durchgeführt.

Die Wiege des Skirennsportgeschehens und die Entwicklung vom amateurhaften Elite- und Urlaubsvergnügen zum Leistungssport waren zweifelsohne Orte wie Mürren und Grindelwald in der Schweiz und St. Anton und Kitzbühel in Österreich. Zum Ende der 20er Jahre des vergangenen Jahrhunderts bildeten die Kandahar-Skirennen von Mürren und St. Anton den quasi Beginn des Leistungssports mit sich verstärkender Tendenz internationaler Beteiligung. Hinzu kam die Installation der SDS-Skirennen durch den Schweizerischen Damen Skiclub von Mürren und Grindelwald, der speziell den Damen die Bühne für ihre jedes Jahr anberaumten Rennen bot. Im Laufe der Jahre mehrten sich die Bewerber für die Austragung von Skirennen, wie Chamonix, Garmisch-Partenkirchen, Sestriere, Wengen, Kitzbühel, Megeve, Madonna di Campiglio, Cortina d`Ampezzo, Val d`Isere und Oberstaufen, anfangs nur aus Europa. Aber nach und nach zeigten auch die Überseestaaten USA und Kanada in den Wintersportmetropolen Interesse an der Ausrichtung für den FIS-, späteren Weltcup oder von Weltmeisterschaften.

Die ersten Alpinen Skiweltmeisterschaften fanden vom 19. bis 23. Februar 1931 in Mürren/Schweiz statt. Bis zum Jahre 1939 wurden sie jedes Jahr durchgeführt, nannten sich aber erst ab dem Jahr 1937 offiziell Weltmeisterschaften; und nannten sich bis dahin lapidar FIS- Meisterschaften. Olympisch wurden die alpinen Wettbewerbe erstmals 1936 in Garmisch-Partenkirchen, wobei nur die Alpine Kombination an sich, bestehend aus Abfahrt und Slalom und deren Akteure mit Olympischen Medaillen ausgezeichnet wurden. Von 1948 an, 3 ½ Jahre nach Beendigung des II. Weltkriegs bis zum Jahr 1980 wurden die Wettbewerbe der Olympischen Spiele parallel auch als Event einer Weltmeisterschaft gewertet.

So erhielten die Drei-Erstplatzierten einer jeden Einzeldisziplin jetzt Olympische- wie auch die Weltmeisterschafts-Medaillen überreicht. Und seit dem Jahr 1985 finden Weltmeisterschaften alle zwei Jahre, separat und unabhängig von den Olympischen Winterspielen statt.

Im Jahr 1950 wurde das Wettkampfprogramm durch eine weitere Disziplin, einem Riesenslalom ergänzt, dem im Jahr 1982 eine Fünfte, der Su-G folgte. Bis zum heutigen Tag bilden in Weltcup, Weltmeisterschaft und Olympische Spiele diese fünf Kerndisziplinen das Hauptinteresse jedes Events.

Unsere gegenwärtige Zeit ist sehr schnelllebig geworden. Und die uns mit vielen Informationen versorgenden Medien lassen uns oft immer weniger Zeit diese zu verarbeiten. Mit dem Druck und der Herausgabe dieses „Schlag nach"-Buches, verbinde ich mein Anliegen, sollen den Erfolgen der alpinen Zunft in Deutschland aus zurückliegenden und gegenwartsnahen Zeiten Namen und deren Leistungen zugeordnet werden. Mein Wunsch ist es, das sie einer sportlich interessierten Leserschaft in Erinnerung bleiben mögen.

Noch eine abschließende Bemerkung: Bei meinen Recherchen von deutschen Rennläuferinnen und Rennläufern, die in den sehr frühen Jahren des Rennsports zu Erfolgen auf internationaler Ebene beitrugen, gehörten einige wenige Damen und Herren, von denen ich nur wenige ergänzende oder keine Lebensdaten ermitteln konnte.

Der Autor

Die Skirennen: Namen und Kurzbenennung der Skirennen vor Einführung des Weltcup (WC) im Jahr 1967

Alpenpokal..ALP

Anden Kandahar..AKD

Arlberg Kandahar...AKH

Bernhard Perren Memorial...BPM

Coppa di Oro...CDO

Coppa Ilio Colli...CIC

Das Weisse Band..DWB

Drei Gipfel Rennen..3GR

Drei Pistenrennen... 3PR

Tre Comuni..3CO

Tre funiviae...3FU

Emile Allais Cup...EAC

Feldberg Pokal..FGP

Gross Deutsche Meisterschaften...GDM

Goldener Fuchs.. GOF

Goldener Schlüssel...GOS

Goldener Ring...GOR

Grosser Preis Feminiene...GPF

Grosser Preis of Printemps...GPL

Grosser Preis von Maurienne/La Tourssouire...GPM

Grosser Preis von Nice..GPN

Grosser Preis von Paris...GPP

Grosser Preis von Savoyen...GPS

Hahnenkamm...HAK

Holmenkollen Kandahar ....HOK

Holmenkollen Woche.. HKW

Harryman Cup...HMC

Internationale Aarebragden..IAB

Internationale Concourse..ICC

Internationale Grossglockner Rennen..IGO

Internationale US-Meisterschaft...IUS

Internationale Woche..IWO

Kriterium des ersten Schnee..KES

Königs Cup...KÖC

Damen

Herren

Damen

Abfahrtslauf

Slalom

Riesenslalom

Su-G

Kombination

**100 Jahre
Alpiner Skirennsport in Deutschland**

Annemarie Kopp und Grete Matouschek

(Lebensdaten nicht bekannt)

Annemarie Kopp und Grete Matouschek, Skirennläuferinnen aus den frühen 30er-Jahren konnte ich leider keine persönlichen Lebensdaten ermitteln. - Nur insoweit konnte der Autor recherchieren, das beide Damen bei den Österreichischen Meisterschaften am 01. Februar 1931 in Schwaz/Tirol an den Start gingen, und dort Annemarie Kopp eine Abfahrt für sich entschied, während Grete Matouschek im gleichen Rennen Platz Drei belegte. Darüber hinaus konnte ich aus historischen Zeitungen von Österreich, wie der „Tagespresse", der „Neuen Freien Presse" und dem „ Neuen Wiener Tageblatt" jeweils vom 02. Februar 1931 lesen, das Annemarie Kopp eine Berlinerin und in der Innsbrucker Skifahrer Vereinigung als Mitglied geführt wurde. Von Grete Matouschek stand nur in der Sportpresse, das sie aus München kam.

Annemarie Kopp

Abfahrtslauf

Event	Datum	Event – Ort	Platz 1	Platz 2	Platz 3
FIS-R/ÖSM	02.1931	Schwaz	**Kopp**	Lantschner	Matouschek

Grete Matouschek

Abfahrtslauf

Event	Datum	Event - Ort	Platz 1	Platz 2	Platz 3
FIS-R/ÖSM	02.1931	Schwaz	Kopp	Lantschner	**Matouschek**

Lisa Resch
04. Oktober 1908 in Garmisch-Partenkirchen - 31. Januar 1949 ebenda

Die gebürtige Garmischerin Lisa Resch bildete zusammen mit Christel Cranz und Käthe Grasegger das starke deutsches Dreigestirn, das in den 1930er Jahren viele bedeutende Rennen auf den Pisten Europas souverän beherrschten. Bei den Weltmeisterschaften in den Jahren von 1934 bis 1939 gewann Lisa Resch acht Medaillen. Sie gehört damit bis heute zusammen mit der Legende Christel Cranz und der oben erwähnten Käthe Grasegger bis anno heute zu den bisher erfolgreichsten Skirennläuferinnen aller Zeiten. Die Weltmeisterschaft in der Abfahrt 1938 im Berner Oberland von Engelberg, wie auch ihr Sieg beim Hahnenkamm-Rennen von Kitzbühel 1937 im Slalom und in der Kombination als erster Deutschen überhaupt sind als Lisa Resch`s herausragende Glanzpunkte in ihrer Karriere zu sehen. Hinzu sind die Podiumsplatzierungen bei den SDS-Rennen 1938 und 1939 in Grindelwald im Salom und der Kombination zu nennen. Sehr stark präsentierte sie sich auch bei den Weltmeisterschaften 1939 im polnischen Zakopane, wo sie sich nochmals kurz vor ihrem Karriereende die Silbermedaille im Abfahrtslauf und eine Bronzemedaille in der Kombination sichern konnte. Für wahr ein würdiger erfolgreicher Karriereabschluss.

Um so erschütternder ihr viel zu früher Tod zehn Jahre später mit nur 40 Jahren, verursacht durch einen Herzinfarkt.

Abfahrtslauf

Event	Datum	Event - Ort	Platz 1	Platz 2	Platz 3
FIS-R/ZPC	04.1933	Zugspitz	**Resch**	Grasegger	Schmidt
FIS-R/WM	02.1934	St. Moritz	Ruegg	Cranz	**Resch**
FIS-R/ZPC	04.1934	Zugspitz	**Resch**	Grasegger	Cranz
OLS	02.1936	Garmisch-P.	Nilsen	**Resch**	Grasegger
FIS-R/ZPC	04.1936	Zugspitz	**Resch**	Grasegger	Kriner
FIS-R/ÖSM	02.1937	Innsbruck	Cranz	**Resch**	Grasegger
FIS-R/WSW	01.1938	Garmisch-P	Cranz	**Resch**	Steuri
WM	03.1938	Engelberg	**Resch**	Cranz	Grasegger
WM	02.1939	Zakopane	Cranz	**Resch**	Goedl
FIS-R/WSW	01.1940	Garmisch-P.	Cranz	**Resch**	Goedl

Lisa Resch

Slalom

Event	Datum	Event - Ort	Platz 1	Platz 2	Platz 3
FIS-R/ZPC	04.1933	Zugspitz	Grasegger	Resch	Schmidt
FIS-R/WM	02.1934	St. Moritz	Cranz	Resch	Rominger
FIS-R/HAK	01.1937	Kitzbühel	Resch	Heath	Schwarz
WM	02.1937	Chamonix	Cranz	Grasegger	Resch
FIS-R/ÖSM	02.1937	Innsbruck	Cranz	Resch	Grasegger
FIS-R/WSW	01.1938	Garmisch-P.	Cranz	Resch	Grasegger
FIS-R/SDS	01.1938	Grindelwald	Osirnig	Resch	Grasegger
FIS-R/SDS	01.1939	Grindelwald	Cranz	Grasegger	Resch

Kombination

Event	Datum	Event - Ort	Platz 1	Platz 2	Platz 3
FIS-R/ZPC	04.1933	Zugspitz	Grasegger	Resch	Schmidt
FIS-R/WM	02.1934	St. Moritz	Cranz	Resch	Ruegg
FIS-R/HAK	01.1937	Kitzbühel	Resch	Heath	Schwarz
FIS-R/ÖSM	02.1937	Innsbruck	Cranz	Resch	Grasegger
FIS-R/WSW	01.1938	Garmisch-P.	Cranz	Resch	Steuri
FIS-R/SDS	01.1938	Grindelwald	Cranz	Grasegger	Resch
WM	03.1938	Engelberg	Cranz	Resch	Grasegger
WM	02.1939	Zakopane	Cranz	Schaad	Resch
FIS-R/WSW	01.1940	Garmisch-P	Cranz	Goedl	Resch

Christl Franziska Antonia Cranz

01. Juli 1914 in Brüssel/Belgien - 28. September 2004 in Oberstaufen

Christl Cranz war die alles überragende Skirennfahrerin der 30-siger Jahre im vergangenen Jahrhundert. Heute würde man sagen, sie ist der Superstar der Szene gewesen. Geboren in Brüssel, verließ die Familie bei Ausbruch des 1. Weltkrieges 1914 Belgien und fand eine neue Bleibe in der Nähe von Reutlingen. Das Skifahren lernte Christl Cranz als Sechsjährige auf den Hügeln der Schwäbischen Alp. Die Eltern, vor allem die praktische Mutter erkannte das riesige Talent der Tochter, und so wählte die Familie als nächsten Wohnsitz Grindelwald im Berner Oberland. Hier gab es naturgemäß die optimalen Möglichkeiten, das Talent der zehnjährigen Tochter weiter zu vervollkommnen. In der Schweiz gewann Christl sämtliche Schüler- und Jugendrennen. Nach einem zweijährigen Aufenthalt in Grindelwald ändert die Familie mit den Kindern Christl und Rudi 1928 erneut ihren Wohnsitz. Diesmal geht der Weg der Familie nach Freiburg in die Nähe des Schwarzwalds, zumal dort auch die Verwandtschaft ansässig ist. 1931 mit ihren 17 Jahren beginnt dann ihr sensationeller Aufstieg. Nationale und internationaler Konkurrenz lernt sie das Fürchten. Ab dem Jahr 1934 gewinnt Christl Cranz so gut wie alles. Bei fünf Weltmeisterschaften von 1934 bis 1939 und den Olympischen Spielen 1936 gewann Christl Cranz 13-mal Gold- und drei Silbermedaillen. Weitere Erfolge in den hochrangigen FIS-Rennen Europas komplettierten die übervolle Erfolgsliste. Fünfzehn Titel bei Deutschen Meisterschaften, dreimal in der Abfahrt 1938 bis 1940, viermal im Slalom 1938 bis 1941 und achtmal in der Kombination 1934 bis 1941 unterstreichen ihre Dominanz.

Abrupt beendete Christl Cranz die sportliche Karriere, als ihr jüngerer Bruder Rudolf „Rudi", gleichfalls ein begnadeter Skirennfahrer und ebenso Mitglied in der Ski-Nationalmannschaft, im Russlandfeldzug 1941 fällt. Depressivität befällt sie. Mit gerade mal 27 Jahren hat sie keinen Spaß mehr am Sport. Die erfolgreichste Skirennfahrerin aller Zeiten gründet mit ihrem Mann, Adolf Borchert, den sie 1943 geheiratet hatte, nach Kriegsende die Christl-Cranz-Skischule in Steibis, einem Ortsteil von Oberstaufen.

Zu gleicher Zeit wirft man Christl Cranz eine zu groß gewesene Nähe zum Nationalsozialismus und die NSDAP-Mitgliedschaft im Hitler-Reich vor. Dafür musste sie sich jetzt verantworten; mit der Konsequenz, das sie ihre Anstellung an der Universität von Freiburg aufgeben musste.

Aus der Öffentlichkeit zog sie sich nun weitgehend zurück. 1991 aber, 46 Jahre nach Kriegsende, wurde ihr die große Ehre zuteil, in die „Hall of Fame" des internationalen Frauensports aufgenommen zu werden. Mit 90 Jahren verstarb Christl Cranz in Oberstaufen an den Folgen eines Treppensturzes.

Abfahrtslauf

Event	Datum	Event - Ort	Platz 1	Platz 2	Platz 3
FIS-R/WM	02.1934	St. Moritz	Ruegg	Cranz	Resch
FIS-R/ZPC	04.1934	Zugspitz	Resch	Grasegger	Cranz
FIS-R/WSW	01.1935	Garmisch-P.	Cranz	Bader	Grasegger
FIS-R/WM	02.1935	Mürren	Cranz	Lantschner	Ruegg
FIS-R/WSW	01.1937	Garmisch-P.	Cranz	Grasegger	v. Stumm
FIS-R/SDS	01.1937	Grindelwald	Cranz	Steuri	v. Arx-Zogg
FIS-R/AKH	01.1937	Mürren	Steuri	Cranz	Bon
WM	02.1937	Chamonix	Cranz	v. Arx-Zogg	Grasegger
FIS-R/ÖSM	02.1937	Innsbruck	Cranz	Resch	Grasegger
FIS-R/WSW	01.1938	Garmisch-P.	Cranz	Resch	Steuri
FIS-R/GPP	01.1938	Megeve	Cranz	Kuenzli	Steuri
FIS-R/SDS	01.1938	Grindelwald	Cranz	Steuri	Künzli
WM	03.1938	Engelberg	Resch	Cranz	Grasegger
FIS-R/WSW	01.1939	Garmisch-P	Cranz	Grasegger	Hofferer
FIS-R/GPP	01.1939	Megeve	Cranz	Boulaz	Fressange
WM	02.1939	Zakopane	Cranz	Resch	Gödl
FIS-R/TMP	03.1939	St.Anton	Cranz	Hoferer	Nissl
FIS-R/WSW	01.1940	Garmisch-P.	Cranz	Resch	Goedl
FIS-R/WSW	01.1941	Garmisch-P.	Proxauf	Doleschell	Cranz

Christl Franziska Antonia Cranz

Slalom

Event	Datum	Event - Ort	Platz 1	Platz 2	Platz 3
FIS-R/AKH	01.1932	St. Anton	Lantschner	Cranz	Dr. Baader
FIS-R/SDS	01.1934	Grindelwald	v. Arx-Zogg	Ruegg	Cranz
FIS-R/WM	02.1934	St. Moritz	Cranz	Resch	Rominger
FIS-R/WSW	01.1935	Garmisch-P.	Cranz	Lantschner	Pinching
FIS-R/WM	02.1935	Mürren	Ruegg	Cranz	Grasegger
OLS	02.1936	Garmisch-P.	Cranz	Grasegger	Steuri
FIS-R/WSW	01.1937	Garmisch-P	Cranz	Grasegger	Zehl
FIS-R/SDS	01.1937	Grindelwald	Cranz	v. Arx-Zogg	Steuri
FIS-R/AKH	01.1937	Mürren	Cranz	Steuri	Buchtri
WM	02.1937	Chamonix	Cranz	Grasegger	Resch
FIS-R/ÖSM	02.1937	Innsbruck	Cranz	Resch	Grasegger
FIS-R/WSW	01.1938	Grarmisch-P	Cranz	Resch	Grasegger
FIS-R/GPP	01.1938	Megeve	Cranz	Steuri	Boulaz
WM	03.1938	Engelberg	Cranz	v. Arx-Zogg	Steuri
FIS-R/WSW	01.1939	Garmisch-P.	Cranz	Nilsson	Hofferer
FIS-R/SDS	01.1939	Grindelwald	Cranz	Grasegger	Resch
FIS-R/GPP	01.1939	Megeve	Cranz	Boulaz	Fressange
FIS-R/SKU	02.1939	Seefeld	Cranz	Roth	
WM	02.1939	Zakopane	Cranz	Schaad	Nilsson
FIS-R/GDM	02.1939	Kitzbühel	Cranz		
FIS-R/TMP	03.1939	St. Anton	Cranz	Hoferer	Doleschell
FIS-R/WSW	01.1940	Garmisch-P.	Cranz	Gaertner	Goedl
FIS-R/WSW	01.1941	Garmisch-P	Cranz	Gaertner	Seghi

Riesenslalom

Event	Datum	Event – Ort	Platz 1	Platz 2	Platz 3
FIS-R/SKU	02.1937	Seefeld	Cranz	Proxauf	Seelos
FIS-R/ZPC	11.1939	Zugspitz	Cranz	Geode	Proxauf

Christl Franziska Antonia Cranz

Kombination

Event	Datum	Event - Ort	Platz 1	Platz 2	Platz 3
FIS-R/AKH	01.1932	St. Anton	Lantschner	**Cranz**	Dr. Baader
FIS-R/WM	02.1934	St. Moritz	**Cranz**	Resch	Ruegg
FIS-R/WSW	01.1935	Garmisch-P.	**Cranz**	Bader	Lantschner
FIS-R/WM	02.1935	Mürren	**Cranz**	Ruegg	Grasegger
OLS	02.1936	Garmisch-P.	**Cranz**	Grasegger	Nilsen
FIS-R/WSW	01.1937	Garmisch-P	**Cranz**	Grasegger	Zehl
FIS-R/SDS	01.1937	Grindelwald	**Cranz**	v. Arx-Zogg	Steuri
FIS-R/AKH	01.1937	Mürren	**Cranz**	Steuri	Bon
FIS-R/ÖSM	02.1937	Innsbruck	**Cranz**	Resch	Grasegger
WM	02.1937	Chamonix	**Cranz**	v. Arx-Zogg	Grasegger
FIS-R/WSW	01.1938	Garmisch-P	**Cranz**	Resch	Steuri
FIS-R/GPP	01.1938	Megeve	**Cranz**	Steuri	Kuenzli
FIS-R/SDS	01.1938	Grindelwald	**Cranz**	Grasegger	Resch
WM	03.1938	Engelberg	**Cranz**	Resch	Grasegger
FIS-R/FGP	03.1938	Feldberg	**Cranz**		
FIS-R/WSW	01.1939	Garmisch-P	**Cranz**	Hofferer	Nilsson
FIS-R/SDS	01.1939	Grindelwald	**Cranz**	Grasegger	Steuri
FIS-R/GPP	01.1939	Megeve	**Cranz**	Boulaz	Fressange
WM	02.1939	Zakopane	**Cranz**	Schaad	Resch
FIS-R/GDM	02.1939	Kitzbühel	**Cranz**		
FIS-R/TMP	03.1939	St. Anton	**Cranz**	Hoferer	Nissl
FIS-R/WSW	01.1940	Garmisch-P.	**Cranz**	Goedl	Resch
FIS-R/WSW	01.1941	Garmisch-P.	**Cranz**	Doleschell	Gaertner

Käthe Grasegger

19. Juni 1917 in Garmisch-Partenkirchen – 28. August 2001 in ebenda

Käthe Grasegger ist die Dritte im Bunde der starken und erfolgreichen deutschen Ski-Amazonen in den Anfangsjahren des Skirennsports neben Christl Cranz und Lisa Resch. Die in Partenkirchen geborene Käthe Grasegger gewann von 1935 bis 1939 bei den vier Weltmeisterschaften sieben Medaillen. Sie gehört auch heute noch zu den hervor zu hebenden Top Sportlern, was die an Anzahl der Medaillen betrifft. Aufmerksamkeit erregte sie erstmals bei den Weltmeisterschaften 1935 im schweizerischen Mürren mit jeweils Bronze im Slalom und der Kombination, und das mit ihren gerade mal Achtzehn Jahren. Im folgenden Jahr bei den Olympischen Winterspielen 1936 von Garmisch-Partenkirchen, auf dem Gudiberg gewann sie Silber in der Kombination und wurde Zweite im Slalom, der 1936 aber nicht mit einer olympischen Einzelmedaille belohnt wurde. Weitere Medaillen folgten bei den Welttitelkämpfen 1937 und 1938 von Chamonix und Engelberg in allen drei Disziplinen Abfahrt, Slalom und Kombination. Und allein sechs Plätze auf dem Podium erstritt sie sich bei den SDS-Damen-Skirennen in Grindelwald bei allen ihren Starts in den Jahren von 1934 bis 1939. Nur einen ersten Podiumsplatz oder einen Titel konnte Käthe Grasegger hier nicht besetzen bzw. gewinnen.

Käthe Grasegger starb 2001 im Alter von 84 Jahren in ihrem Geburts- und Heimatort Garmisch-Partenkirchen.

Käthe Grasegger

Abfahrtslauf

Event	Datum	Event - Ort	Platz 1	Platz 2	Platz 3
FIS-R/ZPC	04.1933	Zugspitz	Resch	**Grasegger**	Schmidt
FIS-R/SDS	01.1934	Grindelwald	v. Arx-Zogg	Lantschner	**Grasegger**
FIS-R/ZPC	04.1934	Zugspitz	Resch	**Grasegger**	Cranz
FIS-R/WSW	01.1935	Garmisch-P.	Cranz	Bader	**Grasegger**
OLS	02.1936	Garmisch-P.	Nilsen	Resch	**Grasegger**
FIS-R/ZPC	04.1936	Zugspitz	Resch	**Grasegger**	Kriner
FIS-R/WSW	01.1937	Garmisch-P.	Cranz	**Grasegger**	v. Stumm
FIS-R/ÖSM	02.1937	Innsbruck	Cranz	Resch	**Grasegger**
WM	02.1937	Chamonix	Cranz	v. Arx-Zogg	**Grasegger**
WM	03.1938	Engelberg	Resch	Cranz	**Grasegger**
FIS-R/WSW	01.1939	Garmisch-P.	Cranz	**Grasegger**	Hofferer
FIS-R/SDS	01.1939	Grindelwald	Friedrich	Steuri	**Grasegger**

Slalom

Event	Datum	Event - Ort	Platz 1	Platz 2	Platz 3
FIS-R/ZPC	04.1933	Zugspitz	**Grasegger**	Resch	Schmidt
FIS-R/WM	02.1935	Mürren	Ruegg	Cranz	**Grasegger**
OLS	02.1936	Garmisch-P.	Cranz	**Grasegger**	Steuri
FIS-R/WSW	01.1937	Garmisch-P.	Cranz	**Grasegger**	Zehl
FIS-R/ÖSM	02.1937	Innsbruck	Cranz	Resch	**Grasegger**
WM	02.1937	Chamonix	Cranz	**Grasegger**	Resch
FIS-R/WSW	01.1938	Garmisch-P.	Cranz	Resch	**Grasegger**
FIS-R/SDS	01.1938	Grindelwald	Orsirnig	Resch	**Grasegger**
FIS-R/SDS	01.1939	Grindelwald	Cranz	**Grasegger**	Resch

Käthe Grasegger

Kombination

Event	Datum	Event - Ort	Platz 1	Platz 2	Platz 3
FIS-R/ZPC	04.1933	Zugspitz	**Grasegger**	Resch	Schmidt
FIS-R/WM	02.1935	Mürren	Cranz	Ruegg	**Grasegger**
OLS	02.1936	Garmisch-P.	Cranz	**Grasegger**	Nilsen
FIS-R/WSW	01.1937	Garmisch-P.	Cranz	**Grasegger**	Zehl
FIS-R/ÖSM	02.1937	Innsbruck	Cranz	Resch	**Grasegger**
FIS-R/SDS	01.1938	Grindelwald	Cranz	**Grasegger**	Resch
WM	02.1938	Engelberg	Cranz	Resch	**Grasegger**
FIS-R/SDS	01.1939	Grindelwald	Cranz	**Grasegger**	Steuri

Hildesuse Gaertner
10. Februar 1923 in Freiburg – 10. Februar 2016 in ebenda

In Freiburg im Breisgau geboren, war sie eine Cousine von Christl und Rudi (Rudolf) Cranz. Bereits im Alter von vierzehn Jahren wurde sie ein Mitglied des deutschen Ski-Nationalkaders, und mit ihren erst 15 Jahren wurde Hildesuse Gaertner für die Skiweltmeisterschaft 1938 in Engelberg nominiert. Vom Jahr 1949 an bis dato 1952 dekorierte sich Gaertner mit sieben Titeln einer Deutschen Meisterin. Dreimal in den Jahren von 1949, 1951 und 1952 als Siegerin des Slaloms, dreimal als Kombinationssiegerin 1950 bis 1952 und auch den Titel einer Siegerin in der Abfahrt 1950 gehörte zu ihren Meriten.

Der zweite Weltkrieg verhinderte eine sonst für sie wohl glänzend verlaufene Karriere. Im Krieg leistete sie den Dienst als Krankenschwester des Roten Kreuzes, zuständig für Versorgung und Betreuung verwundeter Soldaten.

In Grindelwald bei den SDS-Skirennen des Schweizerischen Damen Skiclubs hatte Hildesuse Gaertner noch einmal Gelegenheit ihr großes Talent und Können zu bestätigen. 1950 gewann sie den Riesen-Slalom und 1951 den Abfahrtslauf. Ihre letzten Rennen waren für sie die von Chamonix 1952, bei denen sie beim Arlberg Kandahar-Abfahrtslauf Zweite hinter Annemarie Buchner und in der Kombination Dritte wurde.

An der Universität von Freiburg hatte sie die Studiengänge für Philosophie, Naturgeschichte wie Zeitungswissenschaft belegt und promovierte mit dem Thema „Obst-Gemüseanbau in Freiburg und Umgebung". Später betätigte sich Gaertner als Journalistin, Reporterin wie auch Reise- Schriftstellerin. Lange Jahre brachte Sie sich in die regionale Politik Freiburgs ein. Hildesuse Gaertner verstarb an ihrem Geburtstag, 93- jährig in Freiburg.

Hildesuse Gaertner

Abfahrtslauf

Event	Datum	Event - Ort	Platz 1	Platz 2	Platz 3
FIS-R/GOR	02.1943	Seefeld	**Gaertner**	Proxauf	Buchner
FIS-R/AKH	02.1950	Mürren	Walpoth	Aglel	**Gaertner**
FIS-R/PHC	03.1950	Abetone	Seghi	**Gaertner**	Zückert
FIS-R/SDS	02.1951	Grindelwald	**Gaertner**	Walpoth	Proxauf
FIS-R/AKH	02.1951	Sestriere	Mead	Martel	**Gaertner**
FIS-R/AKH	02.1952	Chamonix	Buchner	**Gaertner**	Mead

Slalom

Event	Datum	Event – Ort	Platz 1	Platz 2	Platz 3
FIS-R/WSW	01.1940	Garmisch-P	Cranz	**Gaertner**	Goedl
FIS-R/SKU	02.1940	Seefeld	Goedl	Proxauf	**Gaertner**
FIS-R/WSW	01.1941	Garmisch-P.	Cranz	**Gaertner**	Seghi
FIS-R/AKH	02.1950	Mürren	Agnel	Zuckert	**Gaertner**
FIS-R/WSW	01.1951	Garmisch-P	Buchner	**Gaertner**	Tomasson

Riesenslalom

Event	Datum	Event - Ort	Platz 1	Platz 2	Platz 3
FIS-R/SDS	01.1950	Grindelwald	**Gaertner**	Tournier	Marchelli
FIS-R/ZSC	04.1950	Zuers	Buchner	**Gaertner**	Leismüller
FIS-R/MAR	04.1950	Marmolata	Proxauf	**Gaertner**	Marchelli
FIS-R/ZPC	12.1951	Zugspitz	Mahringer	Burr	**Gaertner**
FIS-R/3GR	03.1952	Arosa	Reichert	**Gaertner**	Mittner

Kombination

Event	Datum	Event – Ort	Platz 1	Platz 2	Platz 3
FIS-R/WSW	01.1941	Garmisch-P.	Cranz	Doleschell	**Gaertner**
FIS-R/AKH	02.1950	Mürren	Agnel	Walpoth	**Gaertner**
FIS-R/PHC	03.1950	Abetone	Seghi	Zückert	**Gaertner**
FIS-R/AKH	02.1951	Sestriere	Martel	Tournier	**Gaertner**
FIS-R/AKH	02.1952	Chamonix	Mahringer	Mead	**Gaertner**
FIS-R/3GR	03.1952	Arosa	Reichert	**Gaertner**	Quast

Annemarie „Mirl" Buchner

16. Februar 1924 in Ettal – 09. November 2014 in Grainau

Geboren wurde Annemarie Buchner im Oberbayrischen Ettal. Und überall im Nachkriegs-Deutschland wurde unser erstes Ski-As nach dem Kriege liebevoll „Mirl" genannt. Erst recht, da Buchner für unsere junge Bundesrepublik bei den Olympischen Winterspielen 1952 in Oslo als dreifache Medaillengewinnerin nach Deutschland zurückkehrte. Doch auch bereits zuvor hatte Annemarie Buchner einige namhafte Skirennen gewonnen.

Zwischen 1944 bis 1949 gingen fünf Deutsche Meisterschaft an sie, im Slalom und je zweimal im Abfahrtslauf und in der Kombination. Wie schon erwähnt, ihre drei olympische Medaillen: Silber in der Abfahrt, Bronze im Slalom und Riesenslalom, wobei ihre olympischen Medaillengewinne parallel auch Weltmeisterschafts-Medaillen beinhalteten. Beeindruckend auch zwei Jahre später in 1954 der Riesenslalom-Sieg am Hahnenkamm von Kitzbühel, aber ebenso die Kandahar-Abfahrtssiege von Chamonix 1952 und Garmisch-Partenkirchen im Jahre 1954. Hier in Garmisch-Partenkirchen, ein weiteres Glanzstück in ihrer Karriere, gewann Buchner alle drei Konkurrenzen: Die Abfahrt, den Slalom und die Kombination.

Nach sportlichen und glänzenden Laufbahn betrieb „Mirl" Buchner in Garmisch-Partenkirchen ein Sportgeschäft. Für ihre Verdienste um den Sport wurde sie zur „Sportlerin des Jahres 1948" gewählt. Im 91. Lebensjahr 2014 stirbt Annemarie Buchner in Grainau.

Annemarie "Mirl" Buchner

Abfahrtslauf

Event	Datum	Event - Ort	Platz 1	Platz 2	Platz 3
FIS-R/GOR	02.1943	Seefeld	Gaertner	Proxauf	**Buchner**
FIS-R/WEP	01.1949	Lech/Arlberg	Hammerer	**Buchner**	Leismüller
FIS-R/WSW	01.1951	Garmisch-P.	**Buchner**	Leismüller	Martel
FIS-R/AKH	01.1952	Chamonix	**Buchner**	Gaertner	Mead
FIS-R/WSW	01.1952	Garmisch-P.	**Buchner**	Leismüller	Seltsam
OLS/WM	02.1952	Oslo	Beiser-Jochum	**Buchner**	Minuzzo
FIS-R/AKH	01.1954	Garmisch-P.	Buchner	Mahringer	Blattl

Slalom

Event	Datum	Event - Ort	Platz 1	Platz 2	Platz 3
FIS-R/ZPC	11.1948	Zugspitz	**Buchner**	Proxauf	Roth
FIS-R/WEP	01.1949	Lech/Arlberg	**Buchner**	Hammerer	Leismüller
FIS-R/ZPC	11.1949	Zugspitz	Mahringer	**Buchner**	
FIS-R/WSW	01.1951	Garmisch-P.	**Buchner**	Gaertner	Tomasson
FIS-R/WSW	01.1952	Garmisch-P.	**Buchner**	Lanig	Reichert
FIS-R/SKR	01.1952	Bad Gastein	Maed	**Buchner**	Rom
OLS/WM	02.1952	Oslo	Mead	Reichert	**Buchner**
FIS-R/SKU	03.1952	Seefeld	**Buchner**	Reichert	Hochleitner
FIS-R/AKH	01.1954	Garmisch-P.	**Buchner**	Agnel	Thiolliere

Annemarie "Mirl" Buchner

Riesenslalom

Event	Datum	Event - Ort	Platz 1	Platz 2	Platz 3
FIS-R/ZSC	04.1948	Zuers	**Buchner**	Baiser	Gstrein
FIS-R/ZSC	04.1949	Zuers	**Buchner**	Nekvapilova	Jaretz
FIS-R/ZSC	04.1950	Zuers	**Buchner**	Gaertner	Leismüller
FIS-R/ZPC	11.1950	Zugspitz	**Buchner**	Reichert	Franke
FIS-R/EAC	02.1951	Megeve	Martel	**Buchner**	Tournier
FIS-R/WSW	01.1952	Garmisch-P.	Seltsam	Lanig	**Buchner**
OLS/WM	02.1952	Oslo	Mead	Rom	**Buchner**
FIS-R/WSW	01.1953	Garmisch-P.	**Buchner**	Frandl	Mahringer
FIS-R/HAK	01.1954	Kitzbühel	**Buchner**	Mahringer	Blattl
FIS-R/ZPC	12.1955	Zugspitz	**Buchner**	Hofherr	Lanig

Kombination

Event	Datum	Event - Ort	Platz 1	Platz 2	Platz 3
FIS-R/WNP	01.1949	Lech/Arlberg	**Buchner**	Hammerer	Leismüller
FIS-R/WSW	01.1951	Garmisch-P	**Buchner**	Leismüller	Tomasson
FIS-R/AKH	01.1954	Garmisch-P.	**Buchner**	Burr	Jaretz

Rosa „Ossi" Reichert
25. Dezember 1925 in Gunzesried/Allgäu – 16. Juli 2006 in Blaichach/Allgäu

In Gunzesried im Allgäu geboren, zählte auch „Ossi" Reichert wie zehn Jahre zuvor Christl Cranz zu den ganz Großen der alpine Szene ihrer Zeit in Deutschland. Schon 1952 bei den Olympischen Winterspielen in Oslo löste ihre Silbermedaille zusammen mit „Mirl" Buchners Medaille in Bronze im gleichen Rennen des Slaloms ungeahnte Begeisterung im Nachkriegs-Deutschland aus. Zwei Jahre später 1954 folgte ein Slalom- Sieg in Grindelwald bei den seit 1929 etablierten SDS-Rennen (Damen-Skirennen des Mürren- und Grindelwalder Damenski-Clubs) im Berner Oberland. Danach drohte „Ossi" Reichert das Karriereende, denn eine langwierige Knöchelverletzung ließ lange kein mehr Training zu. Um so mehr überraschte 1956 ihr Olympiasieg eingeschlossen die der Weltmeisterschaft von Cortina d`Ampezzo im Riesenslalom vor Josefa Frandl aus unserem Nachbarland Österreich. Es war die erste und einzige Medaille in Gold für das gesamtdeutsche Olympiateam nach dem 2. Weltkrieg. Im selben Jahr krönte „Ossi" Reichert ihre erfolgreiche Karriere mit den drei Deutschen Meistertiteln im Riesenslalom, dem Slalom und mit dem Kombinationssieg. Nach dieser zwar kurzen, aber dafür imposanten Karriere kümmerte sie sich um das elterliche Hotel in Gunzesried. Schon im März 1952 wurde sie für ihre sportlichen Leistungen mit dem „Silbernen Lorbeerblatt" des Bundespräsidenten ausgezeichnet. „Ossi" Reichert starb im Sommer 2006 in Blaichach/Allgäu.

Rosa „Ossi" Reichert

Slalom

Event	Datum	Event – Ort	Platz 1	Platz 2	Platz 3
FIS-R/IWO	01.1951	Cortina d`Amp.	Tomasson	**Reichert**	Martel
FIS-R/GPN	03.1951	Auron	**Reichert**	Agnel	Klecker
FIS-R/WSW	01.1952	Garmisch-P.	Buchner	Lanig	**Reichert**
OLS/WM	02.1952	Oslo	Mead	**Reichert**	Buchner
FIS-R/SKU	03.1952	Seefld	Buchner	**Reichert**	Hochleitner
FIS-R/AKH	03.1953	St. Anton	Minuzzo	**Reichert**	Klecker
FIS-R/SKU	03.1953	Seefeld	Mahringer	Klecker	**Reichert**
FIS-R/SDS	01.1954	Grindelwald	**Reichert**	Klecker	Couttet

Riesenslalom

Event	Datum	Event - Ort	Platz 1	Platz 2	Platz 3
FIS-R/ZPC	11.1950	Zugspitz	Buchner	**Reichert**	Franke
FIS-R/3GR	03.1952	Arosa	**Reichert**	Gaertner	Mittner
FIS-R/3GR	03.1952	Arosa	**Reichert**	Schoepf	Quast
FIS-R/3GR	03.1953	Arosa	Berthod	Daenzer	**Reichert**
FIS-R/3GR	03.1953	Arosa	**Reichert**	Beeler	Lafont
FIS-R/ZSC	04.1953	Zuers	Mahringer	Jaretz	**Reichert**
OLS/WM	02.1956	Cortina d`Amp.	**Reichert**	Frandl	Hochleitner

Kombination

Event	Datum	Event - Ort	Platz 1	Platz 2	Platz 3
FIS-R/GPN	03.1951	Auron	Klecker	**Reichert**	Agnel
FIS-R/3GR	03.1952	Arosa	**Reichert**	Gaertner	Quast
FIS-R/SDS	01.1953	Grindelwald	Minuzzo	Berthod	**Reichert**
FIS-R/3GR	03.1953	Arosa	**Reichert**	Beeler	Lafont

Inge Knott

(Lebensdaten nicht zu ermitteln)

Ähnlich wie bei den Aktiven der Frühzeit im alpinen Rennsport, beispielsweise Annemarie Kopp, Grete Matouschek oder Anton " Toni " Bader bei den Herren sind diese Aktiven in Vergessenheit geraten. Wenngleich nicht ganz, sind doch noch Ergebnislisten im Internet zu finden.

Riesenslalom

Event	Datum	Event - Ort	Platz 1	Platz 2	Platz 3
FIS-R/GPM	03.1958	La Toussouire	**Knott**	Haslauer	Sperl
FIS-R/GPM	03.1958	La Toussouire	**Knott**	Basler	Sperl

Kombination

Event	Datum	Event - Ort	Platz 1	Platz 2	Platz 3
FIS-R/GPM	03.1958	Maurienne	**Knott**	Sperl	Haslauer
FIS-R/OFC	03.1960	Zermatt	Haas	Henneberger	**Knott**

Lia Leismüller

29. März 1931 in Garmisch-PartenLebenskirchen – 06. Dezember 2001 ebenda

Lia Leismüller errang im Jahre 1950 den Deutschen Meistertitel im Slalom, dem in 1951 der Titel im Abfahrtsrennen folgte. Daraufhin wurde Leismüller vom DSV für die Olympischen Winterspiele in Oslo nominiert. Nicht ganz zufrieden waren der Verband und auch sie selbst mit ihrem Einsatz im Abfahrtslauf, den Lia Leismüller mit Rang 35 belegte. Aber ihre Rennegebnisse im Westenpokal von Lech, in Zuers beim Zuersee Cup und bei der Wintersporwoche 1951 und 1952 jeweis hinter "Mirl" Buchner in Slalom, Abfahrten und der Kombination konnten sich aber sehen lassen.

Abfahrtslauf

Event	Datum	Event - Ort	Platz 1	Platz 2	Platz 3
FIS-R/WEP	01.1949	Lech/Arlberg	Hammerer	Buchner	Leismüller
FIS-R/WSW	01.1951	Garmisch-P.	Buchner	Leismüller	Martel
FIS-R/WSW	01.1952	Garmisch-P	Buchner	Leismüller	Seltsam

Slalom

Event	Datum	Event - Ort	Platz 1	Platz 2	Platz 3
FIS-R/WEP	01.1949	Lech/Arlberg	Buchner	Hammerer	Leismüller

Riesenslalom

Event	Datum	Event - Ort	Platz 1	Platz 2	Platz 3
FIS-R/ZSC	04.1950	Zuers	Buchner	Gaertner	Leismüller

Kombination

Event	Datum	Event - Ort	Platz 1	Platz 2	Platz 3
FIS-R/WEP	01.1949	Lech/Arlberg	Buchner	Hammerer	Leismüller
FIS-R/WSW	01.1951	Garmisch-P.	Buchner	Leismüller	Tomasson

Marianne Seltsam

16. Mai 1932 in Tegernsee – 06. Februar 2014 in Gmund a. Tegernsee

Zweifelsohne gehörte Marianne Seltsam zu den dominiereden Rennläuferinnen in der frühen Nachkriegszeit neben Annemarie "Mirl" Buchner und Rosa "Ossi" Reichert in Deutschland, aber auch bei ihren internationalen Starts.

Seltsam nahm zweimal an den Olympischen Spielen 1952 in Oslo und 1956 Cortina d`Ampezzo teil. Zwar ohne Medaille, aber unvergessen sind der 4-fach Erfolg vom Februar 1953 in Sestriere, als sie Abfahrt, Slalom, den Riesenslalom und überlegen die Kombination gewann.

Ähnlich überlegen und erfolgreich war Marianne Seltsam in den Jahren 1955 und 1956 bei den 3-Pisten - Rennen von Arosa, wo sie als 2-fache Riesenslalom-Erste und einmal auf dem Dritten Rang, zum wiederholten Male die Kombination für sich entschied. - Nach Ihrem Karriereende war ihre ganzes Leben lang eine begeisterte Anhängerin ihres Sports geblieben.

Am 6. Febuar 2014 ist Marianne Seltsam 81-jährig in Gmund verstorben.

Marianne Seltsam

Abfahrtslauf

Event	Datum	Event - Ort	Platz 1	Platz 2	Platz 3
FIS-R/WSW	01.1952	Garmisch-P.	Buchner	Leismüller	**Seltsam**
FIS-R/IWO	02.1953	Sestriere	**Seltsam**	Klecker	Reichert

Slalom

Event	Datum	Event - Ort	Platz 1	Platz 2	Platz 3
FIS-R/WSW	01.1953	Garmisch-P.	**Seltsam**	Frandl	Lanig
FIS-R/IWO	02.1953	Sestriere	**Seltsam**	Berthod	Couttet
FIS-R/SKU	03.1954	Seefeld	**Seltsam**	Schoepf	Hofherr
FIS-R/WSW	01.1957	Garmisch-P.	**Seltsam**	Blattl	Frandl
FIS-R/NSL	01.1957	Bad Wiessee	Blattl	**Seltsam**	Hofherr

Riesenslalom

Event	Datum	Event – Ort	Platz 1	Platz 2	Platz 3
FIS-R/WSW	01.1952	Garmisch-P.	**Seltsam**	Lanig	Buchner
FIS-R/IWO	02.1953	Sestriere	**Seltsam**	Minuzzo	Berthod
FIS-R/3GR	03.1954	Arosa	**Seltsam**	Dänzer	Lafont
FIS-R/SKU	03.1954	Seefeld	Schoepf	**Seltsam**	Frandl
FIS-R/3GR	03.1955	Arosa	**Seltsam**	Beeler	Grimm
FIS-R/3GR	03.1956	Arosa	Frandl	Berkman	**Seltsam**
FIS-R/3GR	03.1956	Arosa	**Seltsam**	Hochleitner	Daenzer

Kombination

Event	Datum	Event - Ort	Platz 1	Platz 2	Platz 3
FIS-R/IWO	02.1953	Sestriere	**Seltsam**	Berthod	Reichert
FIS-R/3GR	03.1955	Arosa	**Seltsam**	Beeler	Basler
FIS-R/3GR	03.1956	Arosa	**Seltsam**	Frandl	Hofherr

Hannelore „Halo" Glaser-Franke
04. Januar 1933 in Fürth/Oberfranken –

19 Jahre jung nahm sie an den Olympischen Winterspielen 1952 von Oslo teil und wurde dort Zehnte im Abfahrtslauf. Vier Jahre darauf bei den Spielen in Cortina d ´Ampezzo 1956 war es Rang 14. Hannelore, von den Freunden auch „Halo" genannt gehörte in der Nachkriegszeit zu Anfang der Fünfziger bis zur Mitte des Jahrzehnts zu unseren besten Alpinen der ersten Stunde, mit dem Format, der internationalen Konkurrenz Paroli zu bieten. Hannelore Glaser-Franke erlebte ihre Sternstunden im Januar 1950 in Kitzbühel, als ihr ein Erfolg im Slalom und der Abfahrtslauf am Hahnenkamm nicht zu nehmen war. Ihre gute Form nahm sie auch mit in die neue Saison 1951/52, denn in Lech am Arlberg siegte Glaser-Franke wiederum in einer Abfahrt, wurde zu dem Dritte im Slalom und Zweite der Kombination im Rahmen des „Westen-Pokals". Auch drei Deutsche Meistertitel in der Abfahrt 1952 und 1956, wie im Slalom 1955 sicherte sie sich. Kurz vor dem Karriereende zeigte sie noch einmal ihre ganze Klasse mit einem dritten Abfahrtsrang in Kitzbühel. - Nach Beendigung ihrer Karriere ist Hannelore Glaser-Franke eine Bürgerin Salzburgs geworden.

Hannelore Glaser-Franke

Abfahrtslauf

Event	Datum	Event - O rt	Platz 1	Platz 2	Platz 3
FIS-R/HAK	03.1950	Kitzbühel	**Franke**	Sailer	Leitner
FIS-R/WEP	01.1951	Lech/Arlberg	**Franke**	Mahringer	Maier
FIS-R/HAK	01.1956	Kitzbühel	Sperl	Wechler	**Franke**

Riesenslalom

Event	Datum	Event - Ort	Platz 1	Platz 2	Platz 3
FIS-R/ZPC	11.1950	Zugspitz	Buchner	Reichert	**Franke**
FIS-R/GPN	03.1951	Auron	Martel	**Franke**	Agnel

Slalom

Event	Datum	Event-Ort	Platz 1	Platz 2	Platz 3
FIS-/HAK	01.1950	Kitzbühel	**Franke**	Schrever	Stüger
FIS-R/WEP	01.1951	Lech/Arlberg	Mahringer	Gstrein	**Franke**
FIS-R/WEP	01.1952	Lech/Arlberg	Beiser-Jochum	**Franke**	Lanig

Kombination

Event	Datum	Event-Ort	Platz 1	Platz 2	Platz 3
FIS-R/HAK	03.1950	Kitzbühel	Stüger	Nogler	**Franke**
FIS-R/WEP	01.1951	Lech/Arlberg	Mahringer	**Franke**	Maier
FIS-R/WEP	01.1952	Lech/Arlberg	Beiser-Jochum	**Franke**	Sailer

Evi Lanig

24. Oktober 1933 in Hindelang/Oberallgäu

Evi Lanig ist die Schwester von Silbermedaillengewinner der Abfahrt der Olympischen Winterspiele 1960 von Squaw Valley, Hans-Peter Lanig. Um es vorweg zunehmen, ihren spektakulärsten Erfolg gelang Evi Lanig 1956 in Grindelwald, wo sie bei den SDS- Damenrennen des alt ehrwürdigen Skiclubs den Riesenslalom vor Giuliana Minuzzo aus Italien und Madaleine Berthod aus der Schweiz für sich entscheidet. Auch bei der Wintersportwoche 1952 in Garmisch-Partenkirchen wusste sie zu überzeugen, denn hier belegt sie bei der international besetzten Slalom-Konkurrenz und dem Dreifacherfolg von Deutschlands Damen durch Buchner, Rang Zwei vor „Ossi" Reichert. Im selben Jahr der Olympischen Winterspiele in Oslo konnte sie sich mit Platz 9 unter die TOP 10 platzieren. Großes Pech widerfuhr Evi Lanig beim Training, kurz vor der feierlichen Eröffnung der Spiele von 1956 in Cortina d´Ampezzo. Mit einem gebrochenem Unterarm marschierte sie mit der Mannschaft zwar ins Olympiastadion, aber für Evi Lanig war die aktive Teilnahme am größten Sportevent der Welt nicht möglich. Sechs Deutsche Meistertitel von 1953 bis 1955 hatte sich Lanig davor sichern können.

Evi Lanig

Slalom

Event	Datum	Event - Ort	Platz 1	Platz 2	Platz 3
FIS-R/WEP	01.1952	Lech/Arlberg	Beiser-Jochum	Franke	**Lanig**
FIS-R/WSW	01.1952	Garmisch-P.	Buchner	**Lanig**	Reichert
FIS-R/OFC	03.1952	Zermatt	**Lanig**	Klecker	Amort
FIS-R/WSW	01.1953	Garmisch-P.	Seltsam	Frandl	**Lanig**
FIS-R/HAK	01.1955	Kitzbühel	Frandl	Schoepf	**Lanig**

Riesenslalom

Event	Datum	Event - Ort	Platz 1	Platz 2	Platz 3
FIS-R/WSW	01.1952	Garmisch-P.	Seltsam	**Lanig**	Buchner
FIS-R/ZSC	04.1952	Zuers	**Lanig**	Wheeler	Klecker
FIS-R/ZPC	11.1952	Zugspitz	**Lanig**	Sailer	Quast
FIS-R/SKU	03.1953	Seefeld	Mahringer	Frandl	**Lanig**
FIS-R/OLM	04.1954	Zuers	Jaretz	Mahringer	**Lanig**
FIS-R/IWO	01.1955	St. Gervais	Berthod	**Lanig**	Erny-Morros
FIS-R/IGO	06.1955	Grossglockner	**Lanig**	Hoerl	Moeslacher
FIS-R/ZPC	12.1955	Zugspitz	Buchner	Hofherr	**Lanig**
FIS-R/SDS	01.1956	Grindelwald	**Lanig**	Minuzzo	Berthod

Kombination

Event	Datum	Event – Ort	Platz 1	Platz 2	Platz 3
FIS-R/OFC	03.1952	Zermatt	Klecker	Schoepfer	**Lanig**
FIS-R/HAK	01.1955	Kitzbühel	Hochleitner	**Lanig**	Blattl
FIS-R/IWO	01.1955	St. Gervais	Frandl	**Lanig**	Thioliere
FIS-R/AKH	01.1955	Mürren	Hofherr	Agnel	**Lanig**

Hannelore Basler
04. November 1936 in Ulm –

Hannelore Basler gehörte ebenso wie Hannelore Glaser-Franke, Sonja Sperl und Evi Lanig zu den alpinen Damen, die nach dem Krieg das Erbe ihrer erfolgreichen Vorgängerinnen „Mirl" Buchner und „Ossi" Reichert antreten sollten. Bei Hannelore Basler sprach auch vieles dafür. Aber ihre Rennkarriere sollte nicht sehr lange dauern. 1957 wurde sie Deutsche Meisterin im Riesenslalom und auch in der Kombination. Auch ließ im selben Jahr der erste große internationale Erfolg nicht lange auf sich warten. In Chamonix konnte Hannelore Basler beim Kandahar Abfahrtslauf den zweiten Platz belegen. Knapp zwei Jahre später gelang ihr 1959 noch ein Achtungserfolg in Kitzbühel mit dem dritten Rang in der Kombination. Im Jahr 1958 gar war Hannelore Basler 4-fache Deutsche Meisterin in Abfahrt, Slalom, Riesenslalom und in der Kombination. Ein Novum. Mit diesen Ergebnissen weckte Basler große Erwartungen beim DSV, und zuletzt auch für sich selbst. Aber ständige Rückenprobleme bremsten sie in der Folge immer wieder aus.

Zu ihrem großen Kummer musste sie auf die Teilnahme an den Olympischen Winterspielen von 1960 in Squaw Valley verzichten und trat notgedrungen vom aktiven Leistungssport zurück. Bis 1998 war sie als Geschäftsführerin in einem Pharmaunternehmen in Eberbach am Neckar tätig.

Hannelore Basler

Abfahrtslauf

Event	Datum	Event - Ort	Platz 1	Platz 2	Platz 3
FIS-R/AKH	03.1957	Chamonix	Telinge	**Basler**	Blattl
FIS-R/DWB	01.1959	St. Moritz	**Basler**	Sperl	Haraldsen

Slalom

Event	Datum	Event - Ort	Platz 1	Platz 2	Platz 3
FIS-R/OFC	03.1958	Zermatt	**Basler**	Grosso	Sperl
FIS-R/NSL	02.1959	Bad Wiessee	Snite	Waser	**Basler**

Riesenslalom

Event	Datum	Event - Ort	Platz 1	Platz 2	Platz 3
FIS-R/GPM	03.1958	Maurienne	Knott	**Basler**	Sperl

Kombination

Event	Datum	Event – Ort	Platz 1	Platz 2	Platz 3
FIS-R/3GR	03.1955	Arosa	Seltsam	Beeler	**Basler**
FIS-R/HAK	01.1959	Kitzbühel	Sandvik	Waser	**Basler**

Sonja Sperl

03. Dezember 1936 in Bayrisch-Eisenstein – 13. August 2020 in ebenda

Sonja Sperl, geboren in Bayrisch-Eisenstein, war die erste Rennläuferin aus dem Bayrischen Wald, die ein Mitglied der deutschen Ski-Nationalmannschaft wurde. Den bemerkenswertesten Auftritt gelingt Sonja Sperl 1960 bei den Olympischen Winterspielen von Squaw Valley, als sie als Siebente des Abfahrtslaufs, Achte des Riesenslaloms und Neunte des Slaloms die Silbermedaille in der Alpinen Dreier-Kombination hinter Anne Heggtveit aus Kanada für Deutschland gewann. Eine Weltmeisterschaftsmedaille, die aber zu jener Zeit nicht als olympische Disziplin galt. Aber schon im Jahr 1956 fiel Sonja Sperl auf, als die 20-jährige mit der hohen Startnummer 43 die 16. Hahnenkamm-Abfahrt sensationell vor einer der großen Favoritinnen Lucy Wheeler für sich entscheiden konnte. Zeitnehmer staunten und überprüften mehrfach ihre Uhren. Im Januar 1959 feierte sie mit dem Sieg im Riesenslalom von St. Moritz und dem dritten Platz im Slalom schöne Erfolge. Und 1960, dem Jahr ihres frühen Rücktritts gelang noch einmal der Sprung aufs Podest mit einem zweiten Platz in der Kombinationswertung bei den angesagten SDS-Rennen in Grindelwald. Anzumerken noch das Sonja Sperl 1957 im Slalom und 1959 im Slalom und in der Kombination Deutsche Meisterin wurde.

Zu dieser Zeit, Ende der 50er-Jahre war an eine für Profi ähnliche Vergütung im alpinen Rennsport noch nicht zu denken. Aus eben diesen Gründen, konnte Sonja Sperl als Amateurin sich die weiten Reisen zu den Orten der internationalen Rennen nicht finanzieren konnte, trat sie 1960 mir ihren erst 24 Jahren vom Wettkampfsport zurück. Heiratete, gründete eine Skischule, wurde Mutter einer Tochter und betrieb eine Pension. Sonja Sperl verstarb am 13. August 2020 in ihrem Geburtsort Bayrisch-Eisenstein.

Sonja Sperl

Abfahrtslauf

Event	Datum	Event - Ort	Platz 1	Platz 2	Platz 3
FIS-R/HAK	01.1956	Kitzbühel	Sperl	Wechler	Franke
FIS-R/DWB	01.1959	St. Moritz	Basler	Sperl	Haraldsen

Slalom

Event	Datum	Event - Ort	Platz 1	Platz 2	Platz 3
FIS-R/AKH	02.1959	Garmisch-P.	Snite	Heggtveit	Sperl

Riesenslalom

Event	Datum	Event - Ort	Platz 1	Platz 2	Platz 3
FIS-R/GPM	03.1958	La Toussouire	Knott	Haslauer	Sperl
FIS-R/GPM	03.1958	La Toussouire	Knott	Basler	Sperl
FIS-R/ZPC	11.1958	Zugspitz	Henneberger	Pitou	Sperl
FIS-R/DWB	01.1959	St. Moritz	Sperl	Gertsch	Bioernbakken

Kombination

Event	Datum	Event - Ort	Platz 1	Platz 2	Platz 3
FIS-R/GPM	03.1958	Maurienne	Knott	Sperl	Haslauer
FIS-R/DWB	02.1959	St. Moritz	Heggtveit	Bioernbakken	Sperl
FIS-R/SDS	01.1960	Grindelwald	Berthod	Sperl	Netzer
WM	02.1960	Squaw Valley	Heggtveit	Sperl	Henneberger

Barbara „Barbi" Henneberger

04. Oktober 1940 in Oberstaufen – 12. April 1964 bei St. Moritz

Barbara Henneberger war die sportliche Konkurrentin unserer Gold- Heidi Biebl in den 60ziger-Jahren. Immer ein reizvolles Duell um den Erfolg, da beide fast gleich alt und in Oberstaufen geboren waren. Mit Barbara Henneberger verbindet sich Präsens, Erfolg und große Tragik.

Schon in ganz jungen Jahren deutete sich ihr riesiges Talent und das künftige Potenzial für den alpinen Skisport in Deutschland an. Und als zweifache Bronze-Medaillengewinnerin bei den Olympischen Winterspielen von Squaw Valley 1960 machte sie auch erstmals auf sich aufmerksam, und zusammen mit Heidi Biebls Goldmedaille in der Abfahrt brach riesiger Jubel in Oberstaufen aus. In den vier Jahren bis zu Hennebergers tragischen Tod eilte sie von Erfolg zu Erfolg. Zu den Bronzemedaillen Squaw Valley's im Slalom und in der Kombination sammelte sie Siege und Podiumsplätze in Grindelwald, Chamonix, Sestriere, Arosa, Bad Gastein, Val d'Isere, Innsbruck und zuletzt in den Rennen von Garmisch-Partenkirchen.

Die Rennsaison von 1963/1964 war bereits beendet, aber unser deutscher Ex-Rennläufer Willy Bogner hatte für den April ein dokumentarisches Filmprojekt unter dem Titel „Skifaszination" mit vierzehn Alpinen der Weltklasse geplant und umgesetzt. Am vorletzten Drehtag brach bei St. Moritz ein riesiges Schneebrett los, dem ein zweites Lawinenbrett am Gegenhang folgte. Besonders schicksalhaft, das Barbi Henneberger und der Amerikaner Buddy Werner sich schon aus dem Gefahrenbereich der ersten Schneebrett-Lawine entfernen konnten, dann aber von der Gegenhang-Lawine begraben wurden. Zwölf Läufern gelang es, sich aus den nassen Schneemassen zu befreien. Für Barbara Henneberger und Buddy Werner kam aber jede Hilfe zu spät.

Barbara „Barbi" Henneberger

Abfahrtslauf

Event	Datum	Event - Ort	Platz 1	Platz 2	Platz 3
FIS-R/PHC	03.1960	Abetone	Haas	Gertsch	**Henneberger**
FIS-R/OFC	03.1960	Zermatt	Haas	**Henneberger**	Meggl
FIS-R/KES	12.1960	Val d`Isere	Hecher	Netzer	**Henneberger**
FIS-R/SKR	01.1962	Bad Gastein	Netzer	**Henneberger**	Haas
FIS-R/3GR	03.1962	Arosa	**Hennerberger**	Hecher	Obrecht
FIS-R/SDS	01.1963	Grindelwald	**Hennerberger**	Hecher	Zimmermann
FIS-R/VOT	02.1963	Innsbruck		**Henneberger**	
FIS-R/HMC	03.1963	Sun Valley	Saubert	**Henneberger**	Walters

Slalom

Event	Datum	Event - Ort	Platz 1	Platz 2	Platz 3
FIS-R/SDS	01.1959	Grindelwald	H. Mittermaier	**Henneberger**	Waser
FIS-R/OFC	03.1960	Zermatt	**Henneberger**	Zimmermann	Beeler
FIS-R/GPS	04.1960	Val d`Isere	**Henneberger**	Gertsch	Breau
OLS/WM	02.1962	Squaw Valley	Heggtveit	Snite	**Henneberger**
FIS-R/AKH	04.1960	Sestriere	Jahn	**Henneberger**	H. Mittermaier
FIS-R/KES	12.1962	Val d`Isere	M. Goitschel	**Henneberger**	Famose
FIS-R/SDS	01.1963	Grindelwald	**Henneberger**	M. Goitschel	Hecher
FIS-R/GOS	01.1963	Schruns	Jahn	Netzer	**Henneberger**
FIS-R/AKH	03.1963	Chamonix	Hecher	**Henneberger**	Jahn
FIS-R/HMC	03.1963	Sun Valley	**Henneberger**	Saubert	Walton
FIS-R/AKH	02.1964	Garmisch-P.	Saubert	M. Goitschel	**Henneberger**
FIS-R/GOF	02.1964	Maribor	M.Goitschel	De Blicqui	**Henneberger**
FIS-R/GOF	02.1964	Maribor	M.Goitschel	C.Goitschel	**Henneberger**

Barbara "Barbi" Henneberger

Riesenslalom

Event	Datum	Event - Ort	Platz 1	Platz 2	Platz 3
FIS-R/OLM	04.1957	Zuers	Paget	**Henneberger**	Sander
FIS-R/3GR	03.1958	Arosa	**Henneberger**	H.Mittermaier	Beeler
FIS-R/3GR	03.1958	Arosa	Deaver	**Henneberger**	Beeler
FIS-R/ZPC	11.1958	Zugspitz	**Henneberger**	Pitou	Sperl
FIS-R/3GR	03.1959	Arosa	Terlinge	**Henneberger**	Leduc
FIS-R/OLM	04.1960	Zuers	Jahn	Zimmermann	**Henneberger**
FIS-R/SDS	01.1961	Grindelwald	Leduc	Netzer	**Henneberger**
FIS-R/TMM	01.1961	Saalfelden	Jahn	**Henneberger**	Kainz
FIS-R/KES	12.1961	Val d´Isere	Biebl	Leduc	**Henneberger**
FIS-R/3GR	03.1962	Arosa	**Henneberger**	Obrecht	Kainz
FIS-R/3GR	03.1962	Arosa	**Henneberger**	Hecher	Terraillon
FIS-R/3GR	03.1962	Arosa	**Henneberger**	Hecher	Obrecht
FIS-R/KES	12.1962	Val d`Jsere	**Henneberger**	M.Goitschel	C.Goitschel
FIS-R/	02.1963	Maria Zell	**Henneberger**		

Barbara "Barbi" Henneberger

Kombination

Event	Datum	Event - Ort	Platz 1	Platz 2	Platz 3
FIS-R/3GR	03.1958	Arosa	**Henneberger**	Beeler	Deaver
FIS-R/ZPC	11.1958	Zugspitz	**Henneberger**	Pitou	Sperl
FIS-R/3GR	03.1959	Arosa	Teringe	**Henneberger**	Leduc
WM	02.1960	Squaw Valley	Heggtveit	Sperl	**Henneberger**
FIS-R/3PR	03.1960	Arvovenosa	**Henneberger**	M. Goitschel	Heckmeier
FIS-R/GPS	04.1960	Val d`Isere	Gertsch	**Henneberger**	Breau
FIS-R/SKR	01.1962	Bad Gastein	Jahn	Hecher	**Henneberger**
FIS-R/3GR	03.1962	Arosa	**Henneberger**	Obrecht	Kainz
FIS-R/KES	12.1962	Val d`Jsere	M.Goitschel	**Henneberger**	C.Goitschel
FIS-R/3GR	03.1963	Arosa	Teringe	**Henneberger**	Leduc
FIS-R/SDS	01.1963	Grindelwald	**Henneberger**	Hecher	Famose
FIS-R	02.1963	Maria Zell		**Henneberger**	
FIS-R/AKH	03.1963	Chamonix	Hecher	**Henneberger**	Zimmermann
FIS-R/AKH	02.1964	Garmisch-P.	M.Goitschel	Saubert	**Henneberger**

Heidi Mittermaier

28. Januar 1941 in Reit im Winkel –

Heidi Mittermaier ist Schwester der Doppel-Olympiasiegerin 1976 von Innsbruck „Rosi" Mittermaier, wie auch die von Evi Mittermaier, gleichfalls Skirennläuferin. Heidi Mittermaier nahm an den Weltmeisterschaften 1962 in Chamonix und 1966 in Portillio in den Anden von Chile teil. Ebenso startete sie für Deutschland bei Olympia Innsbruck 1964 in der Abfahrt, im Slalom und im Riesenslalom. Viermal gewann Evi Mittermaier den Deutschen Meistertitel: im Jahr 1963 im Slalom und in der Kombination, 1966 im Riesenslalom und nochmals den Kombinationstitel. International erfolgreich konnte sie sich erstmals mit einem Slalomsieg 1959 bei den Damenskirennen in Grindelwald vor ihrer Teamkollegin Barbara Henneberger präsentieren. Nochmals aufs Podest sprang Mittermaier mit dem dritten Rang im Kandahar-Slalom von Sestriere.

Heidi Mittermaier gehörte im Jahre 1964 auch zu jener Gruppe von vierzehn Rennfahrern, welche in Willy Bogners Film „Skifascitnation" mitwirkten und den Lawinenabgang bei St. Moritz mit sehr viel Fortune überlebte. Dieses Glück fehlte bekanntlich den Skikameraden Barbara Henneberger und dem Amerikaner Buddy Werner aus den USA.

Heidi Mittermaier

Abfahrtslauf

Event	Datum	Event - Ort	Platz 1	Platz 1	Platz 3
FIS-R/PLC	03.1963	Narvik	Biebl	Hecher	**Mittermaier**

Slalom

Event	Datum	Event - Ort	Platz 1	Platz 2	Platz 3
FIS-R/SDS	01.1959	Grindelwald	**Mittermaier**	Henneberger	Waser
FIS-R/AKH	03.1960	Sestriere	Jahn	Henneberger	**Mittermaier**
FIS-R/SFR	04.1963	Hindelang	Biebl	**Mittermaier**	Seiwald
FIS-R/PHC	03.1965	Abetone	Hillbrandt	Bochatav	**Mittermaier**
FIS-R/TMM	01.1966	Saalbach	Breuer	**Mittermaier**	Ditfurth
FIS-R/NSL	01.1966	Bad Wiessee	Hillbrand	Prinzing	**Mittermaier**

Riesenslalom

Event	Datum	Event – Ort	Platz 1	Platz 2	Platz 3
FIS-R/3GR	03.1958	Arosa	Henneberger	**Mittermaier**	Beeler
FIS-R/SKU	03.1958	Seefeld	Herdv	**Mittermaier**	Hochleitner

Kombination

Event	Datum	Event - Ort	Platz 1	Platz 2	Platz 3
FIS-R/LLC	03.1963	Gaellivare	Biebl	Hecher	**Mittermaier**

Heidi Biebl

17. Februar 1941 in Oberstaufen – 20. Januar in Immenstadt 2022

Von Anfang der 60-er Jahre bis zur Mitte, sechs Jahre lang bestimmte Heidi Biebl, anfangs noch mit Barbara Henneberger den Skirennsport in Deutschland; aber auch auf den internationalen Pisten. Viele Siege, viele Podiumsplätze in allen vier Disziplinen des alpinen Skisports konnte die in Oberstaufen geborene Heidi Biebl für sich, den DSV und unser Land entscheiden. Aber populär machte sie der unerwartete Olympia- Sieg und Weltmeistertitel 1960 in Squaw Valley. Und von diesem Tage an hieß sie in Deutschland nur noch unsere „Gold Heidi". Für eine der erfolgreichsten Alpinen bei den SDS-Rennen in Grindelwald wurde Heidi Biebl 1965 für ihre drei Kombination-Erfolge neben den Vorgängerinnen Madeleine Berthod und Christl Cranz mit dem Preis des „Großen Bambi" geehrt, der als die höchste Anerkennung für die SDS-Rennen galt. Mehrfach-Siegen aber nicht nur in Grindelwald. Denn auch in Sestriere, St. Anton, Bad Wiessee, Arosa, Mauricienne, Val d`Isere und Portillio stand Heidi Biebl oft mehr als einmal ganz oben auf dem Podest. - Es war Biebl's Physis und ihre Technik, mit der sie in allen drei Einzel-Disziplinen Siege verbuchen konnte. In den Jahren von 1959 bis 1965 gewann Heidi Biebl 13 Deutsche Meistertitel: Dreimal die Abfahrt, den Slalom dreimal, viermal den Riesenslalom und dreimal die Kombination. Differenzen mit dem Deutschen Ski Verband führten am Ende zum bedauerlichen Entschluss von Heidi Biebl, die Karriere mit ihren erst 25 Jahren 1966 zu beenden. Sie ließ sich zur Skilehrerin ausbilden und eröffnete eine Ski-Schule mit einem Hotel für Schroth-Kuren als zweitem Standbein.

Heidi Biebl

Abfahrtslauf

Event	Datum	Event - Ort	Platz 1	Platz 2	Platz 3
FIS-R/SDS	01.1960	Grindelwald	Riva	**Biebl**	Berthod
OLS/WM	02.1960	Squaw Valley	**Biebl**	Pitou	Hecher
FIS-R/SDS	01.1961	Grindelwald	**Biebl**	Gertsch	Hecher
FIS-R/SKR	01.1961	Bad Gastein	Netzer	**Biebl**	Haas
FIS-R/GPF	01.1961	St. Gervais	Hecher	Bochatav	**Biebl**
FIS-/AKH	03.1961	Mürren	Hecher	**Biebl**	Haas
FIS-R/SDS	01.1962	Grindelwald	Hecher	**Biebl**	Grander
FIS-R/PLC	03.1963	Narvik	**Biebl +**	Hecher	H.Mittermaier
FIS-R/LLC	03.1963	Gaellivare	**Biebl**	Hecher	Hvammen
FIS-R/SDS	01.1965	Grindelwald	Haas	Zimmermann	**Biebl**
FIS-R/AKH	01.1965	St. Anton	Famos	M.Goitschel	**Biebl**
FIS-R/VWT	08.1965	Portillio	**Biebl**		

Heidi Biebl

Slalom

Event	Datum	Event - Ort	Platz 1	Platz 2	Platz 3
FIS-R/SDS	01.1961	Grindelwald	Minuzzo	Riva	**Biebl**
FIS-R/SKR	01.1961	Bad Gastein	Jahn	**Biebl**	Haraldsen
FIS-R/GPF	01.1961	St. Gervais	Hecher	**Biebl**	Grander
FIS-R/AKH	03.1961	Mürren	Jahn	**Biebl**	Zimmermann
FIS-R/KES	12.1961	Val d`Isere	M.Goitschel	**Biebl**	Leduc
FIS-R/SDS	01.1962	Grindelwald	Jahn	**Biebl**	Mevers
FIS-R/NSL	01.1962	Bad Wiessee	Jahn	**Biebl**	Hecher
FIS-R/OFC	03.1962	Zermatt	Jahn	Eder	**Biebl**
FIS-R/AKH	03.1962	Sestriere	**Biebl**	Netzer	Hecher
FIS-R/GPF	01.1963	St. Gervais	Famose	Jahn	**Biebl**
FIS-R/NSL	02.1963	Bad Wiessee	Hecher	**Biebl**	Eger
FIS-R/HOK	03.1963	Holmenkollen	Sandvik	**Biebl**	Hvammen
FIS-R/PLC	03.1963	Narvik	Hecher	Sandvik	**Biebl**
FIS-R/LLC	03.1963	Gaellivare	**Biebl**	Hecher	Wassdahl
FIS-R/SFR	04.1963	Hindelang	**Biebl**	H.Mittermaier	Seiwald
FIS-R/GPL	03.1964	Meribel	M.Goitschel	**Biebl**	Rohrbach
FIS-R/STP	01.1965	Oberstaufen	C.Goitschel	M.Goitschel	**Biebl**
FIS-R/SDS	01.1965	Grindelwald	**Biebl**	M.Goitschel	Obrecht
FIS-R/AKH	01.1965	St. Anton	**Biebl**	M.Goitschel	Haas
FIS-R/GSL	01.1965	Schruns	M.Goitschel	**Biebl**	C.Goitschel
FIS-R/GPF	01.1965	St. Gervais	M.Goitschel	Famose	**Biebl**
FIS-R/OFC	02.1965	Zermatt	**Biebl**	De Blicqui	Bochatay

Heidi Biebl

Riesenslalom

Event	Datum	Event - Ort	Platz 1	Platz 2	Platz 3
FIS-R/3GR	03.1959	Arosa	Ruegg	Telinge	**Biebl**
FIS-R/HAK	01.1960	Kitzbühel	Leduc	Netzer	**Biebl**
FIS-R/KES	12.1961	Val `Isere	**Biebl**	Leduc	Henneberger
FIS-R/SKR	01.1962	Bad Gastein	Hecher	Jahn	**Biebl**
FIS-R/GPM	03.1962	Maurienne	**Biebl**	De Blicquie	Grosso
FIS-R/HOK	03.1963	Holmenkollen	Hecher	Sandvik	**Biebl**
FIS-R/PLC	03.1963	Narvik	Hecher	**Biebl**	Sandvik
FIS-R/LLC	03.1963	Gällivare	Hecher	**Biebl**	Gay
FIS-R/SFR	04.1963	Hindelang	Zimmermann	**Biebl**	Terraillon
FIS-R/GPL	04.1964	Meribel	M.Goitschel	**Biebl**	Senoner
FIS-R/GOS	01.1965	Schruns	M.Goitschel	**Biebl**	Adolf
FIS-R/3GR	03.1965	Arosa	**Biebl**	Obrecht	Messerschmidt
FIS-R/3GR	03.1965	Arosa	**Biebl**	Conscience	Obrecht
FIS-R/VWT	08.1965	Portillio	**Biebl**		

59

Heidi Biebl

Kombination

Event	Datum	Event-Ort	Platz 1	Platz 2	Platz 3
FIS-R/GPF	01.1961	St. Gervais	Hecher	**Biebl**	Gertsch
FIS-R/SDS	01.1961	Grindelwald	**Biebl**	Gertsch	Henneberger
FIS-R/AKH	03.1961	Mürren	**Biebl**	Jahn	Riva
FIS-R/KES	12.1961	Val d'Isere	**Biebl**	Leduc	M.Goitschel
FIS-R/SDS	01.1962	Grindelwald	**Biebl**	Hecher	Mevers
FIS-R/AKH	03.1962	Sestriere	Hecher	**Biebl**	Riva
FIS-R/HOK	03.1963	Holmenkollen	Sandvik	**Biebl**	Strand
FIS-R/PLC	03.1963	Narvik	Hecher	**Biebl**	Sandvik
FIS-R/LLC	03.1963	Gaellivare	**Biebl**	Hecher	H.Mittermaier
FIS-R/STP	01.1964	Oberstaufen	M.Goitschel	Saubert	**Biebl**
FIS-R/SDS	01.1965	Grindelwald	**Biebl**	Zimmermann	Obrecht
FIS-R/AKH	01.1965	St. Anton	M.Goitschel	**Biebl**	Haas
FIS-R/GOS	01.1965	Schruns	M.Goitschel	**Biebl**	Zimmermann
FIS-R/OFC	02.1965	Zermatt	**Biebl**	De Blicqui	Obrecht
FIS-R/VWT	08.1965	Portillio	**Biebl**		

Sieglinde Bräuer
13. September 1942 in Bad Hofgastein – 19. Februar 2012 in Piesendorf

Als die aus dem österreichischen Bad Gastein stammende Sieglinde Bräuer sich nach ihren für ihr Land Österreich errungenen Erfolge nicht mehr im Team für die anstehende Weltmeisterschaft von 1966 in Portillio/Chile wiederfand, wechselte in aller Eile kurzer Hand zum Deutschen Ski Verband. Da sie in Bad Reichenhall beruflich tätig war, ging es den Statuten nach schnell und unkompliziert, um für Deutschland ab der Saison 1965/66 an den Start zu gehen. In der noch kurzen Zeit bis zu ihrem Karriere-Ende gelangen ihr noch sieben Siege und zwei weitere Platzierungen auf dem Podest. Hervor zu heben sind hier die Erfolge in allen drei Disziplinen, dem Slalom, Riesenslalom und der Kombination im Rahmen des 3-Pistenrennens von Saalbach. In Erwartung eines Bäbis beendet Sieglinde Bräuer eine Deutsch-Österreichische Karriere.

Slalom

Event	Datum	Event - Ort	Platz 1	Platz 2	Platz 3
FIS-R/TMM	01.1966	Saalbach	**Bräuer**	H.Mittermaier	Ditfurth
FIS-R/BPM	02.1966	Zermatt	Hillbrandt	**Bräuer**	Hathorn

Riesenslalom

Event	Datum	Event - Ort	Platz 1	Platz 2	Platz 3
FIS-R/3PR	01.1966	Zell am See	**Bräuer**	Hecher	Untermoser
FIS-R/3GR	03.1966	Arosa	Adolf	**Bräuer**	Digruber
FIS-R/3GR	03.1966	Arosa	Lafforgue	Adolf	**Bräuer**
FIS-R/3GR	03.1966	Arosa	Adolf	**Bräuer**	Digruber
FIS-R/IAB	03.1966	Are	**Bräuer**		
FIS-R/OLM	04.1966	Zürs	**Bräuer**		

Kombination

Event	Datum	Event - Ort	Platz 1	Platz 2	Platz 3
FIS-R/TMM	01.1966	Saalbach	**Bräuer**		
FIS-R/3GR	03.1966	Arosa	Adolf	**Bräuer**	Jochum

Christa Prinzing

Ende 1944/Anfang 45 in Kranzegg/Oberallgäu –

Hinsichtlich des genaueren Geburtsdatums von Christa Prinzing bestehen wohl Zweifel, und vielleicht den Kriegswirren zum Ende des Krieges 1945 geschuldet. 1965 wurde Christa Prinzing in den vier Standartdisziplinen, von Abfahrt, Slalom, Riesenslalom und Kombination „nur" Deutsche Vizemeisterin. Vom Skiverband war sie für die Olympischen Winterspiele in Innsbruck 1964, als auch für die Weltmeisterschaften 1966 in Portillio/Chile nominiert worden. Ein sechster Rang in der Kombination das international beste Ergebnis. Als Zehnte der Abfahrt und Neunte im Riesenslalom konnte sie sich noch zweimal unter die Top 10 platzieren. Das für Christa Prinzing persönlich höchst erfreulichstes Fazit aber ist zweifelsohne ihr Slalomsieg in Are/Schweden, der dann die Basis für den Erfolg auch in der Kombination schuf.

Christa Prinzing gehörte gleichfalls zu jener alpinen Gruppe von Skirennfahrern, die bei den Dreharbeiten im April 1964 von Willy Bogners Dokumentarfilm „Ski-Faszination" bei St. Moritz im von einer Schneebrettlawine überrascht wurden, die mit dem Tod von Barbara Henneberger und des US-Amerikaners Buddy Werner sein furchtbares Ende fanden. 1967 bereits, im Alter von nur 23 Jahren beendete Christa Prinzing die Karriere im alpinen Leistungssport.

Christa Prinzing

Slalom

Event	Datum	Event - Ort	Platz 1	Platz 2	Platz 3
FIS-R/NSL	01.1966	Bad Wiessee	Hillbrandt	**Prinzing**	H.Mittermaier
FIS-R/LLC	03.1966	Gaellivare	Adolf	**Prinzing**	Terraillon
FIS-R/PLC	04.1966	Narvik	Eger	**Prinzing**	Färbinger

Riesenslalom

Event	Datum	Event - Ort	Platz 1	Platz 2	Platz 3
FIS-R/GPM	03.1965	Maurienne	Steurer	Famose	**Prinzing**
FIS-R/GPM	03.1965	Maurienne	**Prinzing**	Färbinger	Famose
FIS-R/GPL	03.1965	Meribel	**Prinzing**	Steurer	Färbinger
FIS-R/SFR	04.1965	Hindelang	**Prinzing**	Ditfurth	Zimmermann
FIS-R/OLM	04.1965	Zuers	Seiwald	**Prinzing**	Lafforgue

Kombination

Event	Datum	Event - Ort	Platz 1	Platz 2	Platz 3
FIS-R/GPM	03.1965	Maurienne	**Prinzing**	Famose	Färbinger

Ulli Messerschmidt

Riesenslalom

Event	Datum	Event - Ort	Platz 1	Platz 2	Platz 3
FIS-R/3GR	03.1964	Arosa	Jochum	Adolf	**Messerschmidt**
FIS-R/3GR	03.1965	Arosa	Biebl	Obrecht	**Messerschmidt**

Kombination

Event	Datum	Event -Ort	Platz 1	Platz 2	Platz 3
FIS-R/3GR	03.1965	Arosa	Conscience	**Messerschmidt**	Pucher

Burgl Färbinger
10. Oktober 1945 in Au/Berchtesgaden –

Die in Oberau bei Berchtesgaden geborene Burgl Färbinger verbuchte 1966 bei der Weltmeisterschaft in Portillio in Chile mit ihrer Bronzemedaille im Abfahrtslauf den für sie größten Erfolg. Nur halt mit der Tatsache eines faden Beigeschmacks behaftet, das durch eine viel zu späte Zurückstufung der Österreicherin Erika Erika Schinegger, die dann viele Jahre später das Leben eines Mannes weiterführte, die Freude einer zeitnahen Medaillenvergabe entbehrt zu haben.

1968 war Burgl Färbinger von einer sehr erfolgreichen, anspruchsvollen Nordland-Tour zum Ende der Saison über Are, Levi und Voss zurückgekommen. In den insgesamt acht FIS-Rennen errang Färbinger acht Siege: Abfahrt (2) Slalom (3) und Riesenslalom (3). Dazu kommen noch die drei Kombinationserfolge.

Den einzigen Weltcup-Sieg erzielte sie mit dem Slalom-Erfolg von Monte Bardone 1967, und ihre gute Form hatte Burgl auch schon im Januar im WC-Riesenslalom von Oberstaufen mit dem 2. Rang unter Beweis gestellt. Der Weltcup wurde ab 01.01.1967 von der FIS als die höchste internationale Leistungs-Klassifizierung für alle alpinen Skirennen (WC) eingeführt. Auf acht Deutsche Meistertitel kann Burgl Färbinger in der Zeit von 1963 bis 1968 zurückblicken: Viermal Abfahrt und je zweimal in Slalom und Riesenslalom. Bei den Olympischen Winterspielen 1968 in Grenoble in gelangen Färbinger nochmals Achtungserfolge mit ihren Platzierungen Sechs im Slalom und Zehn im Riesenslalom.

Ziemlich überraschend, mit erst 23 Jahren erklärte Burgl Färbinger 1969 ihren Rücktritt vom Leistungssport. Zusammen mit ihrem Mann Max Leo führt sie eine Pension und eine Skischule.

Abfahrtslauf

Event	Datum	Event - Ort	Platz 1	Platz 2	Platz 3
FIS-R/TMM	01.1963	Saalbach	Kainz	Bräuer	Färbinger
FIS-R/PLC	04.1966	Narvik	Färbinger	Field	Adolf
FIS-R/HOK	04.1966	Voss	Färbinger		
WM	08.1966	Portillio	M.Goitschel	Famos	Färbinger

Burgl Färbinger

Slalom

Event	Datum	Event - Ort	Platz 1	Platz 2	Platz 3
FIS-R/TMM	01.1963	Saalbach	Bräuer	Kainz	**Färbinger**
FIS-R/PLC	04.1966	Narvik	Eger	Prinzing	**Färbinger**
WC	02.1967	Mte. Bardone	**Färbinger**	Famose	Hecher
FIS-R/NSL	01.1968	Bad Wiessee	**Färbinger**		
FIS-R/IAB	03.1968	Are	**Färbinger**		
FIS-R/LLP	03.1968	Levi	**Färbinger**		
FIS-R/HOK	03.1968	Voss	**Färbinger**		
WC	12.1968	Val d`Isere	Drexel	Rauter	**Färbinger**

Riesenslalom

Event	Datum	Event - Ort	Platz 1	Platz 2	Platz 3
FIS-R/3GR	03.1963	Arosa	Zimmermann	Hillbrandt	**Färbinger**
FIS-R/3GR	03.1963	Arosa	Zimmermann	Haas	**Färbinger**
FIS-R/3GR	03.1963	Arosa	Zimmermann	Haas	**Färbinger**
FIS-R/GPM	03.1965	Maurienne	Prinzing	Famos	**Färbinger**
FIS-R/GPL	03.1965	Meribel	Prinzing	Steurer	**Färbinger**
FIS-R/LLC	03.1966	Gaellivare	Adolf	Bochatav	**Färbinger**
WC	01.1967	Oberstaufen	Green	**Färbinger**	Bochatav
FIS-R/IAB	03.1968	Are	**Färbinger**		
FIS-R/LLC	03.1968	Levi	**Färbinger**		

Kombination

Event	Datum	Event – Ort	Platz 1	Platz 2	Platz 3
FIS-R/TMM	03.1963	Saalbach	Bräuer	**Färbinger**	Kainz
FIS-R/3GR	03.1963	Arosa	Zimmermann	**Färbinger**	Haas
FIS-R/GPM	03.1965	Maurienne	Prinzing	**Färbinger**	Famose
WC	01.1968	Oberstaufen	Green	**Färbinger**	Steurer
FIS-R/IAB	03.1968	Are	**Färbinger**		
FIS-R/LLC	03.1968	Levi	**Färbinger**		
FIS-R/HOK	03.1968	Voss	**Färbinger**		

Traudl Treichl
12. März 1950 in Lenggries/Oberbayern –

Traudl Treichl war sieben Jahre lang von 1968 bis 1975 im Weltcup unterwegs. Alle Podiumsplätze im Laufe ihrer Karriere erreichte sie im Riesenslalom, ihrer starken Disziplin. Die Saison 1973/74 erwies sich dabei, als die ihrer beständigsten Phase. Traudl Treichl's erste Podestplatzierung gelang ihr mit einem zweiten Rang im Riesenslaloms von Contamines/Frankreich.

Aber zweifellos ist die Silbermedaille der Weltmeisterschaft in St. Moritz 1974 im Riesenslalom der Höhepunkt ihrer Karriere gewesen. Nur der Französin Fabienne Serrat musste sie die Goldmedaille überlassen.

Direkt anschließend nach der WM sicherte sie sich auch den Deutschen Titel im Riesenslalom. Mit zwei fünften Rängen bei den Abfahrten von Val d'Isere und Saalbach, wusste sie zum Ende dieses so erfolgreichen Jahres noch einmal zu überzeugen. Nach dem der Deutsche Skiverband Traudl Treichl nicht für die Olympischen Spiele 1976 in Innsbruck nominiert hatte, erklärte sie am 26. Januar 1976 ihren Rücktritt vom alpinen Leistungssport.

Riesenslalom

Event	Datum	Event - Ort	Platz 1	Platz 2	Platz 3
WC	01.1973	Les Contamines	Kaserer	**Treichl**	Cochran
WC	02.1973	Abetone	Kaserer	**Treichl**	Poulsen
WC	12.1973	Zell am See	Wenzel	Nadig	**Treichl**
WM	02.1974	St. Moritz	Serrat	**Treichl**	Rouvier

Rosa Katharina „Rosi" Mittermaier

05. August 1950 in Reit im Winkl – 04. Januar 2023 in Garmisch-Partenkirchen

Rosi Mittermaier konnte man zweifellos zu den Ausnahmeerscheinungen im deutschen und auch internationalen Skirennsportgeschehen rechnen Wer bei Olympischen Spielen in allen Disziplinen dreimal Gold, das vierte Gold um 12-Hundertstel verpasst und Silber gewinnt, wer diese Medaillen auch zu den Weltmeisterschaften zählen darf, dessen Ruf als eine Ikone des Sports ist fest wie gemauert.

Geboren wurde Rosi Mittermaier in Reit im Winkl/Chiemgau und wuchs in einer Familie von Skisport begeisterten talentierten Geschwistern auf. Die Schwestern Heidi und Evi hatten vorher und später mit Rosi große sportliche Erfolge im alpinen Skisport erzielt. Es begann für Rosi Mittermaier mit einem FIS-Sieg beim Slalom von Bad Wiessee am 24. Januar 1967 und endete mit einem dritten Rang bei der Weltcupabfahrt von Aspen in den USA am 12. März 1976. In der Zeit ihrer neunjährigen aktiven Skisportkarriere gelingen ihr vierzig Platzierungen auf dem Podest, davon 12 Weltcup-Siege. Außen vor sind dabei die Erfolge der Olympischen Spiele 1976 von Innsbruck mit den dazu parallel gewerteten Weltmeisterschaften. Auch ist nicht zu vergessen der Gewinn des Gesamtweltcups in der Saison 1975/76. Vierzehnmal war Rosi Mittermaier Deutsche Meisterin und vervollständigte damit ihre lange Titelsammlung.

Nach dieser außergewöhnlichen Bilderbuch-Laufbahn, beendet Rosi Mittermaier nach Saisonende 1976 den Leistungssport. Zahlreiche Ehrungen, wie durch die Wahl zur „Sportlerin des Jahres", die Aufnahme in die „Hall of Fame" des Deutschen Sports im Jahre 2006, und der Bayrischer Verdienstorden wurden Rosi Mittermaier angetragen und verliehen.

Im Juni 1980 heiratete Rosi Mittermaier den gleichfalls sehr erfolgreichen Slalom-Rennläufer Christian Neureuther. Aus dieser Ehe sind zwei Kinder, Ameli und Felix hervorgegangen. Letzterer ist auf dem besten Weg, in die großen Fußstapfen von Mutter und Vater zu treten.

Rosa Katharina „Rosi" Mittermaier

Abfahrtslauf

WC	Datum	Event - Ort	Platz 1	Platz 2	Platz 3
WC	01.1969	Grindelwald	Drexel	**Mittermaier**	Mir
WC	12.1974	Saalbach-Higl	Nelson	Nadig	**Mittermaier**
WC	01.1975	Grindelwald	Moser-Pröll	**Mittermaier**	Nadig
OLS/WM	02.1976	Innsbruck	**Mittermaier**	Totschnig	Nelson
WC	03.1976	Aspen	Totschnig	Debernard	**Mittermaier**

Slalom

Event	Datum	Event – Ort	Platz 1	Platz 2	Platz 3
WC	01.1969	Schruns	**Mittermaier**	Gabl	Cutter
WC	03.1969	Waterv. Valley	Cutter	**Mittermaier**	Nagel
WC	03.1970	Voss	**Mittermaier**	Steurer	Lafforgue
WC	01.1971	St. Gervais	Moser-Pröll	Cochran	**Mittermaier**
WC	12.1971	Val d`Isere	**Mittermaier**	Puig	Steurer
WC	12.1971	Sestriere	Macchi	**Mittermaier**	Kaserer
WC	01.1972	Oberstaufen	Macchi	**Mittermaier**	Debernard
WC	03.1972	Pra Loup	Debernard	Behr	**Mittermaier**
WC	01.1973	Maribor	Emonet	Behr	**Mittermaier**
WC	01.1973	Grindelwald	Kaserer	**Mittermaier**	Crawford
WC	01.1973	Chamonix	Cochran	**Mittermaier**	Kaserer
WC	02.1973	Schruns	**Mittermaier**	Emonet	Puig
WC	01.1974	Les Diablerets	Zechmeister	Serrat	**Mittermaier**
WC	02.1974	Abetone	**Mittermaier**	Moser-Pröll	Serrat
WC	03.1974	Aspen	Moser-Proell	**Mittermaier**	Zechmeister
WC	03.1974	Vvsoke Tatra	**Mittermaier**	Debernard	Wenzel
WC	12.1974	Cortina d`Amp.	**Mittermaier**	Serrat	Zechmeister

Rosa Katharina „Rosi" Mittermaier

Slalom

Event	Datum	Event – Ort	Platz 1	Platz 2	Platz 3
WC	01.1975	St. Gervais	Morerod	Wenzel	**Mittermaier**
WC	12.1975	Aprica	Morerod	**Mittermaier**	Giordani
WC	12.1975	Cortina d`Amp.	Serrat	Behr	**Mittermaier**
WC	01.1976	Les Diablerets	Morerod	**Mittermaier**	Emonet
WC	01.1976	Bad Gastein	**Mittermaier**	Giordani	Nelson
WC	01.1976	KranJska Gora	Morerod	**Mittermaier**	Sackl
OLS/WM	02.1976	Innsbruck	**Mittermaier**	Giordani	Wenzel
WC	03.1976	Copp. Mountain	**Mittermaier**	Kaserer	Morerod

Riesenslalom

Event	Datum	Event - Ort	Platz 1	Platz 2	Platz 3
WC	03.1968	Aspen	Green	M.Goitschel	**Mittermaier**
WC	12.1968	Val d`Isere	Macchi	**Mittermaier**	Famose
WC	02.1971	Sugarloaf	Jacot	Moser-Pröll	**Mittermaier**
WC	03.1972	Haevenly Vallev	Pröll	**Mittermaier**	Lafforgue
WC	01.1974	Bad Gastein	Serrat	Morerod	**Mittermaier**
WC	01.1975	Grindelwald	Moser-Pröll	Wenzel	**Mittermaier**
WC	01.1975	Saraiewo	Moser-Pröll	Morerod	**Mittermaier**
WC	12.1975	Val d`Isere	Morerod	**Mittermaier**	Kaserer
WC	01.1976	Les Gets	Morerod	**Mittermaier**	Kaserer
WC	01.1976	Kraniska Gora	Morerod	**Mittermaier**	Zurbriggen
OLS/WM	02.1976	Innsbruck	Kreiner	**Mittermaier**	Debernard
WC	03.1976	Co. Mountain	**Mittermaier**	Nelson	Zurbriggen

Rosa Katharina „Rosi" Mittermaier

Kombination

Event	Datum	Event - Ort	Platz 1	Platz 2	Platz 3
WC	12.1968	Val d´Isere	Drexel	Rauter	**Mittermaier**
WC	01.1969	Schruns	Famose	Cutter	**Mittermaier**
WC	01.1971	St. Gervais	Moser-Pröll	Jacot	**Mittermaier**
WC	12.1971	Sestriere	Macchi	Mir	**Mittermaier**
WC	12.1973	Val d´Isere	Wenzel	**Mittermaier**	Kreiner
WC	01.1975	Grindelwald	Moser-Pröll	**Mittermaier**	Wenzel
WC	01.1975	Chamonix	Moser-Pröll	Wenzel	**Mittermaier**
WC	12.1975	Cortina d`Amp.	**Mittermaier**	Totschnig	Zurbriggen
WC	01.1976	Hasliberg	Nelson	**Mittermaier**	Wenzel
WM	02.1976	Innsbruck	**Mittermaier**	Debernard	Wenzel

Evi Mittermaier

16. Februar 1953 in München –

Evi Mittermaier, die jüngste aller Mittermaier-Schwestern reifte zur Mitte der 70er Jahre zu einer hervorragenden Abfahrtsläuferin. Am 16. Dezember 1975 gelang ihr mit einem Abfahrtserfolg als erster Deutschen überhaupt in Cortina d`Ampezzo der internationale Durchbruch. Schon ein Jahr zuvor, bei den Weltmeisterschaften in St. Moritz 1974 mit Rang 14 und 1975 bei einem Abfahrtslauf in Innsbruck mit Platz 7 holte sie ihre ersten Weltcup-Punkte. Nach dem Rücktritt von Gold-Rosi, ihrer Schwester, war Evi in der Saison 1976/77 die erfolgreichste deutsche Alpine. Alle guten Ergebnisse erzielt Evi Mittermaier im Abfahrtslauf. Der zweite Sieg glückte ihr nach einer längeren Verletzungspause drei Jahre später, 1978 in Bad Gastein. Am Ende ihrer Karriere gelang es ihr noch weitere siebenmal aufs Podest zu steigen. Bei sechs zweiten und einem dritten Platz auf dem Podium, neben den beiden Weltcup-Siegen kann man durch aus von einer guten Bilanz während ihrer Laufbahn sprechen. Im Jahr 1976 wurde Evi Mittermaier Deutsche Meisterin im Abfahrtslauf. An zwei Weltmeisterschaften (1974, 1980) und auch zweimal an Olympische Spielen (1976, 1980) nahm Evi Mittermaier aktiv teil. Aber eine Medaille blieb ihr bei diesen Events verwehrt.

Abfahrtslauf

Event	Datum	Event - Ort	Platz 1	Platz 2	Platz 3
WC	12.1975	Cortina d`Amp.	**Mittermaier**	Totschnig	Zurbriggen
WC	01.1977	Schruns	Zurbriggen	**Mittermaier**	Nadig
WC	01.1977	Crans-Montana	Totschnig	**Mittermaier**	Moser-Pröll
WC	03.1977	Haevenly Valley	Totschnig	**Mittermaier**	De Agostini
WC	01.1978	Les Diablerets	Moser-Pröll	**Mittermaier**	I.Epple
WC	01.1978	Bad Gastein	**Mittermaier**	Moser-Pröll	Nadig
WC	03.1978	Kleinkirchheim	Moser-Pröll	Nelson	**Mittermaier**
WC	12.1978	Val d`Isere	Moser-Pröll	**Mittermaier**	Zurbriggen
WC	01.1979	Les Diablerets	Moser-Pröll	**Mittermaier**	Nadig

Pamela Behr

21. September 1956 in Hindelang/Oberallgäu –

Ihr Vater Sepp Behr war ist gleichfalls ein alpiner Rennläufer der „Ersten Stunde nach den 2. Weltkrieg gewesen. Die Tochter feierte im März 1972 Premiere, 16 Jahre jung, und gleich mit einem Podiumsplatz im Slalom von Pra Loup. Im Dezember des gleichen Jahres folgte in Val d´Isere der erste Weltcupsieg. Es sollte ihr einziger und dann auch ihr letzter bleiben. Pamela war zu jenem Zeitpunkt die jüngste Weltcupgewinnerin. Spitzenränge mit Platz Zwei folgten in den Slalomläufen des Jahres 1973 in Maribor und zwei Jahre später 1975 in Cortina d´Ampezzo. Ein Jahr vor den Weltmeisterschaften 1977 nochmal Rang Drei im Slalom von Schruns im Montafon. Ein Jahr später krönte Pamela ihre Karriere bei der Weltmeisterschaft 1978 in Garmisch-Partenkirchen mit der Medaille in Silber für ihren zweiten Rang im Slalom. Ihre Teilnahme an den Olympische Winterspielen 1976 hätte zu einem für sie noch spektakuläreren Erfolge im Slalom führen können. Denn im ersten Durchgang lag sie auf Rang Eins vor Rosi Mittermaier und der Italienerin Claudia Giordani. Am Ende war es „nur" ein fünfter Platz.

In der Zeit ihrer Karriere von 1971 bis 1979 sicherte sich Pamela Behr sieben Deutsche Meistertitel im Slalom. Das gelang auch ihrem Vater mit seinen sieben Titel in den Jahren von 1954 bis 1962.

Slalom

Event	Event	Event - Ort	Platz 1	Platz 2	Platz 3
WC	03.1972	Pra Loup	Debernard	**Behr**	E.Mittermaier
WC	12.1972	Val d´Isere	**Behr**	Chalvin	Emonet
WC	01.1973	Maribor	Emonet	**Behr**	R.Mittermaier
WC	12.1975	Cortina d´Amp.	Serrat	**Behr**	E.Mittermaier
WC	01.1977	Schruns	Morerod	Serrat	**Behr**
WM	02.1978	Garmisch-P.	Sölkner	**Behr**	Kaserer

Kombination

Event	Datum	Event - Ort	Platz 1	Platz 2	Platz 3
WC	12.1972	Val d`Isere	Rouvier	Debernard	**Behr**

Irene Epple
18. Juni 1957 in Seeg/Ostallgäu –

Die zwei Jahre ältere Schwester von Marie Epple, Irene galt in der Familie als sehr ehrgeizig und zielbewusst. Und als die beiden Schwestern 1978 in Garmisch-Partenkirchen der stattfindenden Weltmeisterschaft ihren Stempel aufdrückten, war es nicht Irene, sondern Schwester Marie („Marile") stand im Rampenlicht. Denn Mariele hatte der favorisierten Schwester Irene den avisierten Titel im Riesenslalom weggeschnappt, und Irene musste sich mit der Silbermedaille im Abfahrtslauf zufrieden geben. Aber auch für Irene Epple war es der erste große Erfolg. Obwohl die Erfolgsbilanz Irenes weit über der ihrer Schwester Marie liegt, ist Irene Epple die Krönung ihrer beeindruckenden Sportkarriere mit einem Titel versagt geblieben. In Lake Placid 1980, Ort der Olympischen Spiele hatte sie mit der Silbermedaille im Riesenslalom ein grandiose Ergebnis erzielt, doch wieder keinen großen internationale Titel gewonnen. - Hier nun aufgeführt das Ergebnis ihrer großartigen Sport-Karriere: Elf Siege und dazu 33 Platzierungen auf dem Podium des Weltcups. Einmal Silbermedaille bei Olympia, wie zweimal Silber bei Weltmeisterschaften 1978 und 1980, wobei die olympische Medaille von Lake Placid im Riesenslalom gleichzeitig eine Weltmeisterschafts-Medaille beinhaltet. Außerdem gewann Irene die Disziplinwertung Riesenslalom und Kombination des Weltcups 1982/83. Erwähnenswert am 04. März 1982, der historische Doppelsieg in Waterville Valley im Riesenslalom: Irene vor Maria. Sechs Deutsche Meistertitel, je drei in der Abfahrt und im Riesenslalom innerhalb des Zeitraums 1973 bis 1981 runden Irene Epples Karriere würdig ab. Im Jahr 1980 wurde sie zur „Sportlerin des Jahres" gewählt.

In den letzten Jahren ihrer Karriere bremsten sie Verletzungen (Kreuzbandriss), Schmerzen in den Knien (Arthrose) aus. Konsequent, wie immer beendete Irene Epple ihre sportliche Karriere von heute auf morgen. Danach studiert sie noch Medizin in München und machte ihren Doktor.

Sie heiratete 1994 den Finanzminister der BRD Theo Waigel. Ehrenämter und vielseitiger Einsatz humanitärer Art und in der Kommunalpolitik beanspruchten sicher einen Großteil ihrer freien Zeit.

Irene Epple

Abfahrtslauf

Event	Datum	Event - Ort	Platz 1	Platz 2	Platz 3
WC	12.1975	Val d`Isere	Zurbriggen	Epple	Totschnig
WC	01.1977	Pfronten	Moser-Pröll	Nadig	Epple
WC	01.1978	Les Diablerets	Moser-Pröll	E.Mittermaier	Epple
WM	02.1978	Garmisch-P.	Moser-Pröll	Epple	De Agostini
WC	01.1979	Meiringen	Moser-Pröll	Epple	Zurbriggen
WC	01.1979	Schruns	Moser-Pröll	Nelson	Epple
WC	02.1979	Pfronten	Nelson	Attia	Epple
WC	12.1980	Val d`Isere	Oertli	Kreiner	Epple
WC	01.1981	Schruns	Agostini	Nelson	Epple
WC	02.1981	Haus/Ennstal	Sorenson	Epple	C.Pröll
WC	12.1981	Saalbach-HiG	De Agostini	Gaudenier	Epple
WC	01.1982	Grindelwald	Sorensen	Epple	Nelson
WC	12.1983	Val d´Isere	Epple	Ehrat	Attia
WC	12.1983	Val d´Isere	Walliser	Epple	Sölkner
WC	12.1983	Haus/Ennstal	Wenzel	Epple	Walliser
WC	01.1984	Bad Gastein	Wenzel	Epple	Walliser
WC	12.1984	Puy St. Vicent	Haas	Kiehl	Epple

Su-G

Event	Datum	Event – Ort	Platz 1	Platz 2	Platz 3
WC	01.1983	Verbier	Epple	Wenzel	Mc Kinney
WC	01.1983	Verbier	Nelson	Haas	Epple

Irene Epple

Riesenslalom

Event	Datum	Event - Ort	Platz 1	Platz 2	Platz 3
WC	12.1977	Val d´Isere	Morerod	**Epple**	Kaserer
WC	03.1978	Arosa	Moser-Pröll	**Epple**	Morerod
WC	12.1978	Piancavallo	Wenzel	Nadig	**Epple**
WC	02.1979	Berchtesgaden	Kinshofer	**Epple**	Moser-Pröll
WM	03.1979	Aspen	Kinshofer	**Epple**	Nadig
WC	03.1979	Haevenl. Vallev	Kinshofer	Wenzel	**Epple**
WC	03.1979	Furano	Nadig	Moser-Pröll	**Epple**
OLS/WM	02.1980	Lake Placid	Wenzel	**Epple**	Pelen
WC	02.1980	Waterv. Vallev	Wenzel	M.Epple	**Epple**
WC	03.1980	Mt. St. Anne	Nadig	**Epple**	Wenzel
WC	03.1980	Saalbach-HiG	**Epple**	Pelen	Serrat
WC	12.1980	Val d`Isere	**Epple**	Pelen	Kinshofer
WC	01.1981	Haute-Nendaz	Mc Kinnev	Wenzel	**Epple**
WC	02.1981	Maribor	Nadig	M.Epple	**Epple**
WC	12.1981	Val d´Isere	**Epple**	Hess	Mc Kinnev
WC	12.1981	St. Gervais	Chaud	**Epple**	Hess
WC	12.1981	Pila	**Epple**	Wenzel	Mc Kinnev
WC	01.1982	Pfronten	**Epple**	Hess	M.Epple
WC	02.1982	Aspen	M.Epple	Hess	**Epple**
WC	03.1982	Waterv. Vallev	**Epple**	M. Epple	Mc Kinnev

Irene Epple

Kombination

Event	Datum	Event – Ort	Platz 1	Platz 2	Platz 3
WC	12.1980	Val d´Isere	Nadig	Epple	Kinshofer
WC	12.1981	Piancav./Saalb.	Epple	Hess	Kinshofer
WC	12.1981	Saalb./St.Gerv.	Cooper	Sölkner	Epple
WC	01.1982	Pfront./Grindw.	Epple	Hess	Nelson
WC	01.1982	Bad Gastein	Hess	Epple	Sölkner
WC	12.1983	Val d`Isere	Epple	Hess	Wenzel
WC	01.1984	Puy St. Vicent	Sorensen	Epple	Kiehl

Monika Berwein

31. August 1957 in Garmisch-Partenkirchen -

Im Mekka des deutschen alpinen Skisports Garmisch-Partenkirchen geboren, gehörte Monika Berwein zu unseren stärksten Fahrerinnen im Riesenslalom-und Slalom im Deutschen Ski Verband. Den emotionalsten Moment erlebte Monika Berwein zweifellos beim Weltcup 1976 im französischen Les Gets, als ihr zweiter Platz im Slalom-Rennen bestätigt wurde. Innerhalb des Weltcup-Geschehens blieb es der einzige Sprung aufs Podest. Zu sehr großen Hoffnungen hatten die Junioren-Europameistertitel im Riesenslalom 1974 von Jasna und 1975 im Slalom von Mayerhofen Anlass gegeben, die sich im Laufe der Karriere von Monika aber nicht realisierten. Für Deutschland ging Monika bei den Olympische Spielen 1976 in Innsbruck im Slalom an den Start, in dem sie im zweiten Durchgang leider ausschied. Nach ihrem Rückzug vom Leistungssport machte Monika Berwein eine Skilehrer-Ausbildung und betreibt in Bad Oberndorf eine Skischule für Jugendliche und Schüler.

Abfahrtslauf

Event	Datum	Event - Ort	Platz 1	Platz 2	Platz 3
WC	O1.1976	Les Gets	Debernard	**Berwein**	Emonet

Christa Zechmeister

04. Dezember 1957 in Berchtesgaden -

Die in Berchtesgaden zur Welt gekommene Christa Zechmeister offenbarte ihr überragendes Talent schon in sehr jungen Jahren, und das in erster Linie im Slalom. Sie bestätigte ihr Talent dann erstmals 1973 in Ruhpolding mit einer Silbermedaille im Slalom bei der Junioren-Europameisterschaft. Und der erste Podestplatz im Weltcup ließ mit dem dritten Rang von Haevenly Valley nicht lange auf sich warten. Christa Zechmeister wurde in der Saison 1973/74 die überragende Slalom-Läuferin. Durch ihre Dominanz auf dem Slalom-Kurs war der Disziplin-WC schon sehr früh zu ihren Gunsten entschieden. Den ersten Sieg hatte sie dann in Val d'Isere perfekt gemacht, und das als die bisher jüngste Starterin im Slalom-WC. (16 Jahre und 3 Tage alt). In der Folge fuhr Christa zu weiteren drei Slalomsiegen: In Les Gets, Les Diablerets und Bad Gastein. Bei der Weltmeisterschaft 1974 in St. Moritz als TOP-Favoritin am Start, schied sie nach Zwischenbestzeit in Durchgang Eins leider aus. Als Dritte im Riesenslalom von Grindelwald kam sie zum einzigen Podium in dieser Disziplin. Im Januar 1975 und 1976 konnte Christa mit ihren Slalom-Erfolgen in Schruns und auch in Berchtesgaden noch einmal überzeugen. Ziemlich überraschend dann der Deutsche Meistertitel 1977 im Riesenslalom. Am Ende der Renn-Serie 1976/77 gelang Christa beim Weltcup-Finale in der Sierra Nevada/Spanien in einem Parallel-Slalom der Sieg gegen Marie Theres Nadig und Annemarie Moser-Pröll.

In den folgenden beiden Jahren blieben vordere Platzierungen aus und nach der Saison 1979/80 beendet Christa Zechmeister den Leistungssport.

Christta Zechmeister

Slalom

Event	Datum	Event - Ort	Platz 1	Platz 2	Platz 3
WC	03.1973	Haevenly Vallev	Emonet	Serrat	**Zechmeister**
WC	12.1973	´Val d`Isere	**Zechmeister**	Wenzel	Cochran
WC	01.1974	Les Gets	**Zechmeister**	Cochran	Moser-Pröll
WC	01.1974	Les Diablerets	**Zechmeister**	Serrat	R.Mittermaier
WC	01.1974	Bad Gastein	**Zechmeister**	Serrat	Kaserer
WC	12.1974	Cortina d Amp.	R.Mittermaier	Serrat	**Zechmeister**
WC	01.1975	Garmisch-P.	Morerod	**Zechmeister**	Fieldstad
WC	01.1975	Schruns	**Zechmeister**	Moser-Pröll	Wenzel
WC	02.1975	Naeba	Wenzel	Morerod	**Zechmeister**
WC	03.1975	Sun Vallev	Wenzel	Moser- Pröll	**Zechmeister**
WC	01.1976	Berchtesgaden	**Zechmeister**	Debernard	Wenzel

Paralellslalom

Event	Datum	Event - Ort	Platz 1	Platz 2	Platz 3
WC	03.1978	Arosa	Moser-Pröll	**Zechmeister**	Fleckenstein

Riesenslalom

Event	Datum	Event - Ort	Platz 1	Platz 2	Platz 3
WC	01.1974	Grindelwald	Kaserer	Wenzel	**Zechmeister**

Monika Bader
09. März 1959 in Trauchgau/Allgäu -

Zum Ende der 70er Jahre gehörte Monika Bader kurzzeitig zu den stärksten Damen in der Abfahrt im Deutschen Skiverband. Mit gerade mal 16 Jahren schaffte sie den Sprung in die alpine Ski-Nationalmannschaft.

In Kranjska Gora gewann Monika bei der Junioren-Europameisterschaft 1977 die Bronzemedaille im Abfahrtslauf. Monika Baders einzige Platzierung auf einem Podium innerhalb des Weltcups resultierte aus dem dritten Rang im Abfahrtslauf von Val d'Isere. Bei der Weltmeisterschaft 1978 in Garmisch-Partenkirchen wurde sie Abfahrt-Zehnte. Auch an den Olympischen Spiele 1980 in Lake Placid nahm sie teil, deren Nominierung sich Monika Bader durch jeweils vierte Plätze in den WC-Abfahrten von Pfronten und Piancavallo verdient hatte. Nach den Spielen in Lake Placid zwang Monika Bader leider eine sehr schwere Verletzung an eine weitere Ausübung im Leistungssport zu denken.

Abfahrtslauf

Event	Datum	Event - Ort	Platz 1	Platz 2	Platz 3
WC	12.1977	Val d'Isere	Nadig	Moser-Pröll	**Bader**

Marie „Marile" Epple

11. März 1959 in Seeg/Ostallgäu -

Marie Epple ist die Schwester der ebenfalls sehr erfolgreichen Irene Epple. Marile, wie sie ihre Fans riefen ist zwei Jahre jünger. Gleich zu Beginn der Karriere kam es zu dem die Fachwelt verblüffenden Auftritt von Marie Epple. Denn in Garmisch-Partenkirchen wurde die jüngere Schwester überraschend 1978 Weltmeisterin im Riesenslalom, wobei Schwester Irene von der Fachwelt als klare Favoritin für den Titel gehandelt wurde. Noch im selben Jahr wurde Marile mit dem Silbernen Lorbeerblatt der Bundesregierung geehrt und wenig später zur Sportlerin des Jahres gekürt. Zum anderen: Fünf Weltcup-Erfolge und achtzehn Plätze auf dem Podest sind im Laufe der Karriere von Marie Epple zusammengekommen. Ihr erstes Podium schaffte sie im Dezember 1977 im Riesenslalom von Val d`Isere und der erste Sieg im Weltcup gelang ihr im eigenen Lande gleichfalls bei einem Riesenslalom im Februar 1981 in Zwiesel. Weitere drei Siege im Riesenslalom im Jahr 1982, dazu dreizehn Podeste wiesen Marie als ausgesprochene Spezialistin in dieser Disziplin aus. Aber auch im Slalom zeigte Marie Epple Qualitäten, wie der Sieg von Arosa und fünf weitere Platzierungen unter den ersten Drei belegen. Fünf Deutsche Meistertitel, Drei im Riesenslalom (1982, 1983, 1985) und Zwei im Slalom (1982, 1983) sind zu ergänzen. - Marie Epple ist mit dem vierfachen Deutschen Slalom-Meister Florian Beck verheiratet. Das Paar hat zwei Kinder.

Marie „Marile" Epple

Slalom

Event	Datum	Event - Ort	Platz 1	Platz 2	Platz 3
WC	01.1978	Maribor	Wenzel	**Epple**	Sölkner
WC	03.1981	Furano	Hess	Cooper	**Epple**
WC	03.1982	Mt. Geneve	Cooper	**Epple**	Tlalka
WC	01.1984	Verbier	Kronbichler	**Epple**	Hess
WC	12.1984	Courmaver	Pelen	**Epple**	Magoni
WC	01.1985	Arosa	**Epple**	Mc Kinney	Hess

Riesenslalom

Event	Datum	Event-Ort	Platz 1	Platz 2	Platz 3
WC	12.1977	Val d´Isere	Morerod	**Epple**	Kaserer
WC	01.1978	Les Mosses	Morerod	Wenzel	**Epple**
WM	02.1978	Garmisch-P.	**Epple**	Morerod	Moser-Pröll
WC	03.1978	Str. Mountain	Wenzel	**Epple**	Morerod
WC	02.1980	Waterv. Valley	Wenzel	**Epple**	I.Epple
WC	02.1981	Zwiesel	**Epple**	Kinshofer	Mc Kinney
WC	02.1981	Maribor	Nadig	**Epple**	I.Epple
WC	01.1982	Pfronten	I.Epple	Hess	**Epple**
WC	02.1982	Oberstaufen	**Epple**	Cooper	Hess
WC	02.1982	Aspen	**Epple**	Hess	I.Epple
WC	03.1982	Waterv. Valley	I.Epple	**Epple**	Mc Kinney
WC	03.1982	San Sicario	**Epple**	Hess	Cooper
WC	03.1983	Mt. Tremblant	Rey	**Epple**	Hess
WC	03.1983	Waterv. Valley	Mc Kinney	**Epple**	Serrat
WC	03.1983	Waterv. Valley	Mc Kinney	**Epple**	Nelson
WC	12.1983	Haus/Ennstal	Wenzel	**Epple**	Cooper
WC	02.1984	Lake Placid	Cooper	Kiehl	**Epple**
WC	12.1984	Sta. Katharina	Schneider	Mc Kinney	**Epple**

Christa „Kinsi" Kinshofer

24. Januar 1961 in München -

In München geboren und in Miesbach mit drei Geschwistern aufgewachsen, war sie schon als kleines Mädchen sehr sportlich und talentiert. Als 8-jährige war sie Münchner Bambino- Meisterin im Eiskunstlauf, entschied sich aber mit 10 Jahren zum Skisport zu wechseln. So wechselte sie auch sie Schule zum Skigymnasium in Berchtesgaden, und es währte auch nicht allzu lange, um mehrfache Deutsche Jugendmeisterin zu werden. Der Durchbruch zur Spitze im Weltcup gelang Christa Kinshofer wiederum äußerst schleunig. In der Saison 1978/79 glückten ihr fünf Weltcupsiege in Folge. In Deutschland ist das bisher niemandem gelungen. Christa Zechmeister und Maria Riesch brachten es auf vier Siege in Folge. Ein Jahr später in 1980 da war sie erst Achtzehn, brachte sie von den Olympischen Spielen aus Lake Placid vom Slalom die Silbermedaille mit nach Deutschland, die auch als Weltmeisterschafts-Medaille zählte. Der Lohn, war die Auszeichnung durch das „Silberne Lorbeerblatt", schon länger ein Brauch, erfolgreiche Olympioniken zu ehren. Sportlerin des Jahres war Christa schon 1979 geworden. Ihre insgesamt Sechs Titel bei Deutschen Meisterschaften (3x Riesenslalom, 2x Slalom, 1x Su-G) sind auch nicht zu vergessen.

Ein schwerer Trümmerbruch im Knöchel zwang Kinshofer zu einem langen Jahr Pause. Unterschiedliche Auffassungen von Seiten des Verbandes und Christa Kinshofer führten dazu, das sich Kinshofer 1981 dem Holländischen Nationalteam anschloss. Beide Seiten, der DSV und Christa Kinshofer zeigten nach mehreren Jahren Differenzen Einsicht, und so startete sie ab der Saison 1987/88 wieder für den Deutschen Ski Verband. Neben ihren wieder guten Ergebnissen im Weltcup, zündete sie bei Olympia 1988 in Calgary nochmal zwei Raketen: Silber und Bronze im Riesenslalom und Slalom.

Es war nun der genau richtige Zeitpunkt, ihren Abschied vom Leistungssport zu verkünden. Heute ist Christa Kinshofer Geschäftsfrau auf mehreren Feldern. Unter anderem betreibt Kinshofer zusammen mit ihrem Mann, einem Sportmediziner eine Ski-Klinik.

Christa „Kinsi" Kinshofer

Abfahrtslauf

Event	Datum	Event - Ort	Platz 1	Platz 2	Platz 3
WC	01.1981	Crs. Montana	Nadig	De Agostini	**Kinshofer**

Slalom

Event	Datum	Event - Ort	Platz 1	Platz 2	Platz 3
WC	02.1979	Maribor	Wenzel	**Kinshofer**	Quario
OLS/WM	02.1980	Lake Placid	Wenzel	**Kinshofer**	Hess
WC	03.1980	Saalbach- HiG	Giordani	**Kinshofer**	Wenzel
WC	12.1980	Zauchensee	Pelen	**Kinshofer**	Zini
WC	12.1987	Piancavallo	**Kinshofer**	Chauvet	Sarec
WC	01.1988	Bas Gastein	Schneider	**Kinshofer**	Schmidhauser
OLS	02.1988	Calgary	Schneider	Svet	**Kinshofer**

Riesenslalom

Event	Datum	Event – Ort	Platz 1	Platz 2	Platz 3
WC	12.1978	Val d`Isere	**Kinshofer**	Wenzel	Nadig
WC	01.1979	Les Gets	**Kinshofer**	Wenzel	Sackl
WC	02.1979	Berchesgaden	**Kinshofer**	I. Epple	Moser-Pröll
WC	03.1979	Aspen	**Kinshofer**	I. Epple	Nadig
WC	03.1979	Heaveny. Valley	**Kinshofer**	Wenzel	I. Epple
WC	12.1980	Val d`Isere	I. Epple	Pelen	**Kinshofer**
WC	01.1981	Les Gets	Mc Kinney	**Kinshofer**	Wenzel
WC	02.1981	Zwiesel	M. Epple	**Kinshofer**	Mc Kinney
OLS	02.1988	Calgary	Schneider	**Kinshofer**	Walliser

Kombination

Event	Datum	Event -Ort	Platz 1	Platz 2	Platz 3
WC	12.1980	Val d`Isere	Nadig	I. Epple	**Kinshofer**
WC	01.1981	Crs. Montana	**Kinshofer**	Hess	Cooper
WC	12.1981	Piancavallo	I. Epple	Hess	**Kinshofer**

Regine „Gina" Mösenlechner

01. April 1961 in Inzell -

Regine Mösenlechner ist geboren in Inzell, dem Ort mit Deutschlands erstem Eisschnelllauf-Bundesleistungszentrum. Regine Mösenlechner entschied sich aber für den alpinen Rennsport, und tat richtig daran. Gleichermaßen stark in Abfahrt und Su-G ist sie 1979 aber Junioren-Europameisterin im Slalom geworden. Im März 1981 hatte sie erstmals aufhorchen lassen, als sie in Aspen/Colorado den Weltcup-Abfahrtslauf mit einem zweiten Platz abschloss. Mit einem großem Talent war Regine Mösenlechner gesegnet, aber durch so viele Verletzungen und Reha-Maßnahmen immer zurückgeworfen, musste sie sich sechs Jahre gedulden, bis ihr 1987 in Pfronten wiederum ein zweiter Platz und ein Podium im WC gelang. Ihr dritter Streich wird der Höhepunkt ihrer ganz Karriere sein. Denn hier in Crans Montana bei den Weltmeisterschaften von 1987 gewinnt Regine zur Freude alle ihrer Fans die Bronzemedaille im Abfahrtslauf, um dann in Calgary, Leukerbad, Aspen, Schladming und Val d`Isere in Abfahrten und Su-G nachzulegen. Anfang des Dezember 1989 kann sie in Vail/USA bei einem Su-G den lange fälligen Weltcup-Sieg einfahren. Im Jahr 1984 und 1986 hat sie sich zudem die Deutschen Titel in der Abfahrt gesichert. Regine Mösenlechner beendet 1992 nach Olympia in Albertville die Saison mit der Bekanntgabe ihres Rücktritts vom Leistungssport Ski Alpin. - Regine Mösenlechner ist mit dem Bronze- und Silbermedaillengewinner im Slalom der Weltmeisterschaften von Crans Montana 1987 und Vail 1989 Armin Bittner verheiratet.

Regine „Gina" Mösenlechner

Abfahrtslauf

Event	Datum	Event - Ort	Platz 1	Platz 2	Platz 3
WC	03.1981	Aspen	Kichler	**Mösenlechner**	Nelson
WC	01.1987	Pfronten	Figini	**Mösenlechner**	Walliser
WM	02.1987	Crs. Montana	Walliser	Figini	**Mösenlechner**
WC	03.1987	Nakista	Figini	Graham	**Mösenlechner**
WC	03.1988	Aspen	Örtli	**Mösenlechner**	Zeller
WC	12.1988	Val d`Isere	Figini	**Mösenlechner**	H. Gerg

Su-G

Event	Datum	Event - Ort	Platz 1	Platz 2	Platz 3
WC	12.1987	Leukerbad	Figini	Eder	**Mösenlechner**
WC	11.1988	Schladming	Merle	Maier	**Mösenlechner**
WC	12.1989	Vail	**Mösenlechner**	Wolf	M. Gerg

Traudl Hächer
31. Dezember 1962 in Schleching/Oberbayern -

Nicht weit von der Tiroler Grenze in Schleching im Landkreis Traunstein ist Traudl Hächer zur Welt gekommen. Ihre Erfolge und das Talent wiesen schon in ihren jungen Jahren auf die Affinität für die Disziplinen im Riesenslalom und den Su-G hin. Das ihr große Talent bestätigte die 17-jährige Hächer mit dem Titel einer Europameisterin im Juniorenbereich des Riesenslaloms 1979. Dennoch kam ihr erster Weltcup-Sieg völlig überraschend. Traudl Hächer hatte schon ihr Potential mit Plätzen 13, 12 und 8 im Weltcup angemahnt, aber mit der hohen Startnummer 54 den Su-G von Davos zu gewinnen, war eine Riesennummer.

Insgesamt konnte Traudl Hächer vier Weltcup-Erfolge erzielen, zweimal im Su-G, den von Davos/Schweiz und Puy Saint Vicent in Frankreich, wie auch zweimal im Riesenslalom von Oberstaufen und Sunshine in Kanada. Sechsmal gelang noch der Sprung aus Podest. Kurz vor Ende ihrer Karriere überraschte sie noch einmal, denn bei der Weltmeisterschaft von Saalbach-Hinterglemm 1991, ohne allzu große Erwartungen am Start, gewann Hächer mit Bronze im Riesenslalom die einzige Medaille für den DSV und Deutschland. Sie konnte über Bronze jubeln, als sie hinter der Schwedin Pernilla Wiberg und Ulrike Maier/ Österreich ins Ziel raste. In der Disziplin Riesenslalom ist Traudl Hächer 1986 auch Deutsche Titelträgerin geworden. Ende der 80-er Jahre, noch während ihrer aktiven Karriere hat sie geheiratet. Und 1992 nach dem Weltcup-Saisonfinale in Crans Montana beendet sie den Leistungssport. Heute lebt Traudl Hächer-Gavet in den USA.

Traudl Hächer

Riesenslalom

Event	Datum	Event - Ort	Platz 1	Platz 2	Platz 3
WC	03.1985	Waterv. Vallev	Schneider	Roffe	**Hächer**
WC	01.1986	Oberstaufen	**Hächer**	Schneider	Charvatova
WC	02.1986	Vvsoke Tatrv	Svet	Ochoa	**Hächer**
WC	03.1986	Sunshine	**Hächer**	Walliser	Zaic
WM	02.1991	Saalbach-HiG	Wiberg	Maier	**Hächer**

Su-G

Event	Datum	Event-Ort	Platz 1	Platz 2	Platz 3
WC	12.1984	Davos	**Hächer**	Walliser	Kiehl
WC	01.1986	Puv St. Vicent	**Hächer**	Walliser	Schneider
WC	01.1986	Megeve	Marzola	Kirchler	**Hächer**
WC	01.1987	Pfronten	Quittet	**Hächer**	Kiehl

Kombination

Event	Datum	Event - Ort	Platz 1	Platz 2	Platz 3
WC	12.1984	Davos	Örtli	Hess	**Hächer**
WC	03.1986	Sunshine	Walliser	**Hächer**	Zeller

Karin Dedler
02. Februar 1963 in Dietmannsried/Oberallgäu –

Karin Dedlers Stärken auf den Pisten der alpinen Disziplinen lagen ohne zu zweifeln im Speed-Bereich. Im Abfahrtslauf und dem Su-G erzielte sie ihre besten Resultate. In den Blick der öffentlichen Wahrnehmung geriet Karin Dedler erstmals durch eine Bronzemedaille, die sie bei der Weltmeisterschaft in Vail in den USA 1989 im Abfahrtslauf hinter der Schweizerin Maria Wallis und der Kanadierin Karen Percy gewinnen konnte. Und im Riesenslalom der WM mit dem fünften Rang fuhr sie wiederum ein hervorragendes Rennen.

Ihre ersten Weltcuppunkte hatte sie bereits im Dezember 1984 im Su-G von Davos verbuchen können. In der Saison 1989/90 gelangen ihr in Haus/Enns und Veysonnaz mit ihren dritten Rängen im Abfahrtslauf erstmalig der Sprung aufs Podest innerhalb des Weltcups. Zum Karriereende hin konnte Karin Dedler im Februar 1991 in Garmisch-Partenkirchen mit dem zweiten Platz im Su-G ihr bestes Ergebnis erreichen. Im selben Jahr sicherte sie sich die Deutschen Meistertitel in ihren starken Disziplinen Abfahrt und Su-G.

Karin Dedler nahm an drei Weltmeisterschaften (1987, 1989, 1991) und an den Olympischen Spielen 1988 von Calgary teil. Ihr letztes Rennen bestritt sie am 08. März 1992 in Vail/Colorado und beendet danach den Leistungssport.

Abfahrtslauf

Event	Datum	Event - Ort	Platz 1	Platz 2	Platz 3
WM	02.1989	Vail	Walliser	Perci	**Dedler**
WC	01.1990	Haus/Enns	Walliser	Kronsberger	**Dedler**
WC	02.1990	Veysonnaz	Gutensohn	Merle	**Dedler**

Su-G

Event	Datum	Event - Ort	Platz 1	Platz 2	Platz 3
WC	02.1991	Garmisch-P.	Merle	**Dedler**	M. Gerg

Marina Kiehl

12. Januar1965 in München -

Zu den großen Alpinen der 80-ziger Jahre bei den Damen gehörte zweifellos die Münchnerin Marina Kiehl. Selbstverständlich ist der Gewinn des Goldes bei den Olympischen Spielen 1988 in Calgary in der Königsdisziplin Abfahrt ein Höhepunkt der Karriere von Marina Kiehl gewesen. Vor der Schweizerin Brigitte Oertli und der Kanadierin Karen Percy siegt sie im Abfahrtslauf. So etwas steht für immer in den Geschichtsbüchern. Aber noch viele weitere dieser an Höhepunkten so reichen Laufbahn konnten sich sehen lassen. Mit 18 Jahren wurde sie Weltmeisterin im Abfahrtslauf 1983 in Sestriere bei den Juniorinnen. Ein erstes Ausrufezeichen! Ein Jahr später, im März 1984 gewann sie in Mont Sainte-Anne ihren ersten Su-G von später noch weiteren fünf . Zweimal gewann Marina Kiehl den Gesamtweltcup in der Disziplinwertung des Riesenslaloms 1985 und auch im Su-G 1986. Und in der Zeitspanne vom Jahr 1983 bis 1988 siegte sie in sieben Weltcup-Rennen und sprang 11-mal aufs Podium. Zwischen 1984 und 1987 war Marina noch fünfmal Deutsche Meisterin. Je zweimal im Su-G und Riesenslalom, wie einmal im Abfahrtslauf. Nach Ende der Saison 1987/88 beendet Marina Kiehl mit nur 23 Jahren ihre Rennsportkarriere. Neben den vielen Ehrungen von Land und Bund, die einer Olympiasiegerin angemessen sind, verlieh ihr der Deutsche Ski Verband die höchste seiner Auszeichnungen, den „Goldenen Ski " und durch den Bundes-Präsidenten mit dem „Silberne Lorbeerblatt" geehrt.

Marina Kiehl

Abfahrtslauf

Event	Datum	Event - Ort	Platz 1	Platz 2	Platz 3
WC	12.1984	Puy St. Vicent	Haas	Kiehl	I. Epple
WC	12.1987	Val d`Isere	Bournissen	Kiehl	Stangassinger
OLS	02.1988	Calgary	Kiehl	Örtli	Percy

Riesenslalom

Event	Datum	Event - Ort	Platz 1	Platz 2	Platz 3
WC	03.1984	Lake Placid	Cooper	Kiehl	M. Epple
WC	12.1984	Mad. Di Camp.	Kiehl	Walliser	Haas
WC	03.1985	Lake Placid	Roffe	Svet	Kiehl
WC	01.1986	Maribor	Schneider	Figini	Kiehl

Su-G

Event	Datum	Event - Ort	Platz 1	Platz 2	Platz 3
WC	03.1984	Mt. St. Anne	Kiehl	Kirchler	Cooper
WC	12.1984	Davos	Hächer	Walliser	Kiehl
WC	01.1985	Pfronten	Figini	Kiehl	Walliser
WC	01.1985	Arosa	Kiehl	Twardokens	Figini
WC	03.1985	Banff	Kiehl	Figini	Örtli
WC	12.1985	Sestriere	Kiehl	M. Gerg	Svet
WC	03.1986	Vail	Kiehl	Wachter	Saviiarvi
WC	01.1987	Pfronten	Quittet	Hächer	Kiehl
WC	03.1987	Vail	Kiehl	Wachter	Wolf

Kombination

Event	Datum	Event – Ort	Platz 1	Platz 2	Platz 3
WC	01.1984	Puy St. Vicent	Sorensen	I. Epple	Kiehl
WC	01.1985	Catharina/Kirchh.	Figini	Kiehl	Walliser
WC	01.1986	d`Isere/Maribor	Figini	Walliser	Kiehl

Elisabeth Michaela „Michi" Gerg

09. November1965 in Bad Tölz -

Die schnellen, rasanten Disziplinen Abfahrt und der Su-G waren ihr Metier. Sie war aber auch eine herausragende Technikerin. Michaelas Erfolgsliste ist lang. Viermal stand sie bei den Weltcup-Rennen ganz oben, und zwanzigmal neben der Siegerin auf dem Podest. Eine beeindruckende Rolle, die sie im Weltcup abgab. Noch sehr viel spektakulärer aber war ihr Ergebnis bei der Weltmeisterschaft 1989 in Vail/Colorado, das mit der Bronzemedaille im Su-G belohnt wurde. Schon früh konnte „Michi" Gerg dem Deutschen Ski Verband ihr Talent mit zwei Junioren-Weltmeistertitel im Riesenslalom 1982 und 1983 präsentieren. Viermal nahm Gerg an den Olympischen Spielen und sechsmal an Weltmeisterschaften teil. Auch ein Rekord. Es gesellten sich zudem fünf Titel bei Deutschen Meisterschaften hinzu, 1982 im Abfahrtslauf, 1984 und 1986 im Slalom, sowie 1987 und 1989 im Riesenslalom.

Für Michaela Gerg`s Verdienste um den Skisport verlieh ihr der DSV zweimal seine höchste Ehrerbietung durch die Verleihung des „Goldenen Ski". Einen letzten Triumph feierte sie mit dem Abfahrtsieg von  Cortina d`Ampezzo im Januar 1995. Im November 1996 verkündet Michaela Gerg nach einer schweren Verletzung, zu dem Differenzen mit dem Skiverband und einer Krebserkrankung der Mutter den Rücktritt. 1997 stellt man bei ihr selbst eine bösartige Erkrankung fest, die man durch einen Eingriff aber eingrenzen konnte.

Heute betreibt Michaela Gerg eine Skischule in Lenggries, und bis 2016 war sie im Gemeinderat von Kitzbühel für die SPÖ vertreten.

Elisabeth Michaela „Michi" Gerg

Abfahrtslauf

Event	Datum	Event - Ort	Platz 1	Platz 2	Platz 3
WC	12.1985	Val d`Isere	**Gerg**	Graham	Walliser
WC	12.1985	Val d`Isere	Graham	Walliser	**Gerg**
WC	12.1988	Val d`Isere	Figini	Mösenlechner	**Gerg**
WC	01.1989	Tignes	Walliser	Merle	**Gerg**
WC	02.1989	Lake Louise	Figini	Walliser	**Gerg**
WC	02.1989	Lake Louise	Figini	Walliser	**Gerg**
WC	08.1989	Las Lenas	**Gerg**	Zeller	Walliser
WC	12.1989	Steamboat Spr.	Walliser	Figini	**Gerg**
WC	12.1989	Panorama	Kronberger	**Gerg**	Percv
WC	01.1992	Morzine	Seizinger	Gutensohn	**Gerg**
WC	12.1992	Lake Louise	Bournissen	Seizinger	**Gerg**
WC	01.1995	Cortina d`Amp.	**Gerg**	Street	Seizinger
WC	12.1989	Panorama	Kronberger	Gutensohn	**Gerg**

Riesenslalom

Event	Datum	Event-Ort	Platz 1	Platz 2	Platz 3
WC	01.1986	Oberstaufen	Schneider	**Gerg**	Figini
WC	11.1986	Park City	**Gerg**	Svet	Schneider
WC	01.1990	Hinterstoder	Kronberger	Wachter	**Gerg**

Elisabeth Michaela „Michi" Gerg

Su-G

Event	Datum	Event - Ort	Platz 1	Platz 2	Platz 3
WC	12.1985	Siestriere	Kiehl	Gerg	Svet
WM	02.1989	Vail	Maier	Wolf	Gerg
WC	12.1989	Vail	Mösenlechner	Wolf	Gerg
WC	02.1990	Meribel	Merle	Walliser	Gerg
WC	03.1990	Are	Merle	Gerg	Kronberger
WC	01.1991	Meribel	Kronberger	Gerg	Merle
WC	02.1991	Garmisch-P.	Merle	Dedler	Gerg

Kombination

Event	Datum	Event -Ort	Platz 1	Platz 2	Platz 3
WC	01.1983	Les Diablerets	Wenzel	Gerg	Kirchler
WC	12.1989	Steamboat Spr.	Örtli	Gerg	Wachter

Christina Meier-Höck

20. Februar 1966 in Rottach-Egern –

Neuen Jahre von 1986 bis ins Jahr 1995 gehörte Christina Meier zum Stamm der alpinen deutschen Ski-Nationalmannschaft. Bevorzugte Disziplin in ihrer Karriere war immer der Riesenslalom. Insgesamt konnte sie in ihrer aktiven Laufbahn drei Podiumsplätze im Weltcup einnehmen, davon zwei feine Siege in Aspen/USA und Hafjell/Norwegen. Für der Olympische Spiele nominierte sie der DSV. 1988 in Calgary, 1992 in Albertville und 1994 in Lillehammer. Dabei immer mit guten Platzierungen (Rang 5, 11 und 10) im Riesenslalom unterwegs. Siegreich war sich auch in einem Parallel-Slalom im März 1988 in Saalbach, der aber nicht für ihre persönlichen Weltcup-Punkte, sondern für die Nationenwertung maßgebend waren. Hier kam Christina Meier vor Ulrike Meier ins Ziel, der Österreicherin aus Rauris, die sechs Jahre später bei der Abfahrt des Kandahar-Rennens in Garmisch-Partenkirchen durch einen bösen Sturz ums Leben kam. Dreimal wird Cristina Meier die Deutsche Meisterin der Jahre 1988, 1992 und 1995 im Riesenslalom.

Riesenslalom

Event	Datum	Event - Ort	Platz 1	Platz 2	Platz 3
WC	03.1988	Aspen	**Meier-Höck**	Ochoa	Maier
WC	03.1989	Shigakogen	Schneider	Svet	**Meier-Höck**
WC	03.1993	Hatfjell	**Meier-Höck**	Ertl	Seizinger

Katharina „Kathi" Gutensohn
22. März 1966 in Kirchberg/Tirol –

Perspektivlosigkeit...! In der österreichischen Ski-Nationalmannschaft nicht für die Alpine Weltmeisterschaft 1989 in Vail/USA nominiert zu werden, war der Anlass von Katharina Gutensohn nach der Saison 1988/89 zum deutschen Ski Verband zu wechseln. Dieser vollzog sich zügig ohne Probleme, da Gutensohn mit einem Deutschen verheiratet war. Die vorher für Österreich schon sehr erfolgreiche Katharina Gutensohn knüpfte nahtlos ab der Rennsaison 1989/90 für den DSV am Start, mit guten Ergebnissen an. So siegte in den zwei Abfahrten von Veysonnaz in der Schweiz und wurde Zweite im Abfahrtslauf von Panorama in Kanada. Der Abfahrts-Weltcup der Disziplinwertung für die Saison ist Gutensohn zu diesem Zeitpunkt bereits sicher. In der neuen Saison 1990/91 kann Kathrin Gutensohn wieder zwei Abfahrtsläufe zum einen in Altenmarkt-Zauchensee, zum anderen in Bad Kleinkirchheim einfahren. Zwei schwere Stürze bei der Weltmeisterschaft 1991 in Saalbach-Hinterglemm und im Jahr 1993 in Cortina d`Ampezzo mit jeweils diagnostizieren Kreuzbandrissen führten zu den üblichen Zwangspausen.

Nach ihrer Rückkehr in den Weltcup 1994 gelang noch einmal der Sprung aufs Podest durch den dritten Platz im Su-G von Sierra Nevada in Spanien. In der letzten aktiven Phase für den Deutschen Ski Verband 1997/98 startend, dann abschließend noch einmal zwei Platzierungen als jeweils Dritte in der Abfahrt und im Su-G von Lake Louise und Mount Mountain.

Für Deutschland nahm Katharina Gutensohn an zwei Olympischen Spielen vom 1992 und 1998, wie an drei Weltmeisterschaften von 1991, 1996 und 1997 teil, aber ohne Medaillen-Ausbeute. Nach den Olympischen Winterspielen 1998 in Nagano beendet sie den Leistungssport Alpin, um sich Carvin- und später noch dem Skicross-Weltcup zuzuwenden. Auch hier kam sie zu Ehrungen auf dem Podium. Erst 2010 beendet Gutensohn den Spitzensport, schloss noch ein Studium als Sportjournalistin ab, und ist jetzt Mutter von drei Kindern.

Katharina „Kathi" Gutensohn

Abfahrtslauf

Event	Datum	Event - Ort	Platz 1	Platz 2	Platz 3
WC	12.1989	Panorama	Kronberger	**Gutensohn**	M. Gerg
WC	02.1990	Vevsonnaz	**Gutensohn**	Merle	Figini
WC	02.1990	Vevsonnaz	**Gutensohn**	Merle	Dedler
WC	12.1990	Zauchensee	**Gutensohn**	Kronberger	Lee-Gartner
WC	01.1991	Kleinkirchheim	**Gutensohn**	Ginther	Bournissen
WC	01.1992	Morzine	Seizinger	**Gutensohn**	M. Gerg
WC	12.1992	Vail	Vogt	**Gutensohn**	Lee-Gartner
WC	12.1997	Lake Louise	Seizinger	**Gutensohn**	Götschl

Su-Gi

Event	Datum	Event-Ort	Platz 1	Platz 2	Platz 3
WC	02.1994	Sierra Nevada	H. Gerg	Kostner	**Gutensohn**
WC	11.1997	Mmt Mountain	Seizinger	Kostner	**Gutensohn**

Miriam Vogt

20. März 1967 in Starnberg –

Miriam Vogt´s Sportkarriere wurde von einigen Auf´s und Ab´s während ihrer Leistungssport-Laufbahn begleitet. Zum Ab gehörte wohl auch die zeitweilige Rückstufung aus dem Nationalkader in den Förderkader des Ski Verbandes. Um so mehr überraschte vor allem der Weltmeistertitel von Miriam in der Kombination von Morioka 1993 in Japan. Kurz vorher schon bewies sie beim Abfahrtssieg von Vail/Colorado im Dezember 1992, das sie wieder auf dem Weg nach oben ist. Insgesamt besteigt Miriam Vogt siebenmal ein Podest innerhalb des Weltcups. Dazu fügten sich noch fünf Deutsche Meistertitel: Zwei im Su-G 1993 und 1998, zwei im Slalom 1993 und 1996, wie noch im Riesenslalom 1994.

1998 beendet Miriam Vogt die Karriere unter dem Dach des Deutschen Ski Verbandes. Aktiv aber blieb sie noch bis ins Jahr 2001, und startete bei den Schweizer- und Österreichischen alpinen Meisterschaften. Noch in der Zeit ihres aktiven gedrängten Rennkalenders studierte Vogt Betriebswirtschaft, und ist heute Geschäftsführerin und bekleidet nebenher Ämter beim Bayrischen und Deutschen Skiverband.

Miriam Vogt

Abfahrtslauf

Event	Datum	Event - Ort	Platz 1	Platz 2	Platz 3
WC	01.1990	Santa Caterina	Figini	**Vogt**	Kronberger
WC	12.1991	Serre Chevalier	Kronberger	Zurbriggen	**Vogt**
WC	02.1992	Grindelwald	Ginther	**Vogt**	Bournissen
WC	03.1992	Vail	Seizinger	Lee-Gartner	**Vogt**
WC	12.1992	Vail	**Vogt**	Gutensohn	Lee-Gartner
WC	02.1993	Veysonnaz	Seizinger	Lee-Gartner	**Vogt**

Su-G

Event	Datum	Event - Ort	Platz 1	Platz 2	Platz 3
WC	12.1991	Santa Caterina	Seizinger	Sadleder	**Vogt**

Kombination

Event	Datum	Event - Ort	Platz 1	Platz 2	Platz 3
WC	02.1992	Grindelwald	Ginther	Kronberger	**Vogt**
WC	01.1993	Cortina d Amp.	Wachter	**Vogt**	Ginther
WM	02.1993	Morioka	**Vogt**	Street	Wachter
WC	03.1993	Hafjell	Perez	Gallizio	**Vogt**

Ulrike Stanggassinger
22. Februar 1968 in Berchtesgaden – 01. Juli 2019 ebenda

Ulrike Stanggassinger gehörte von den späten 80er Jahren an bis 1994 zum Kader der alpinen Ski-Nationalmannschaft. Die Disziplinen Abfahrtslauf und Su-G kamen ihrem Potential am stärksten entgegen. Bereits im Jahre 1986 errang sie bei den Juniorenweltmeisterschaften von Bad Kleinkirchheim in der Kombination eine Bronzemedaille. Ihr beste Resultat erzielt Ulrike dann in der Weltcup-Abfahrt 1987 von Val d`Isere, einem Neuschnee-Rennen, als sie mit der hohen Startnummer 50 hinter der Schweizerin Chantal Bournissen und ihrer deutschen Konkurrentin aus dem eigenen Team Marina Kiehl, als Dritte das Ziel passierte und sich damit ihren einzigen Podiums-Platz im Weltcup sicherte.

Ein fünfter Rang im Abfahrtslauf von Altenmarkt 1988 steht für das zweitbeste Ergebnis Ulrikes. Im gleichen Jahr startet Stanggassinger bei den Olympischen Spielen von Cargary. Aber die Weltmeisterschaften 1993 von Morioka in Japan mit dem sechsten Platz im Abfahrtslauf und 1994 im spanischen Sierra Nevada beim Su-G brachten halbwegs befriedigende Ergebnisse. Im Su-G war Stanggassinger 1992 Deutsche Meisterin geworden. Zur nachfolgenden Rennsaison 1994/95 trat sie aufgrund ihres Rücktritts nicht mehr an. - Ulrike Stanggassinger verstarb viel zu früh am 01. Juli 2019 in ihrem Geburtsort Berchtesgaden.

Abfahrtslauf

Event	Datum	Event - Ort	Platz 1	Platz 2	Platz 3
WC	12.1987	Val d`Isere	Bournissen	Kiehl	**Stanggassinger**

Katja Seizinger
10. Mai 1972 in Datteln/NRW -

Katja Seizinger ist zweifelsohne bis zum heutigen Tag Deutschlands beste alpine Skirennläuferin nach dem 2. Weltkrieg, was die Siege und Podiumsplatzierungen bei Olympischen Spielen, Weltmeisterschaften und in Weltcup-Rennen betrifft.

Ein Super- und Multitalent in allen Disziplinen, sieht man einmal vom Slalom ab, das nicht in der Nähe von Bergen oder im Gebirge geboren und wurde. Aus dem flachen Nordrheinwestfalen von Datteln kam sie her. Es ist mühsam zu ermitteln, was Katja Seizinger nicht gewonnen hat.

Schlussendlicht erlernte sie das Skifahren im Odenwald in der Nähe ihres und der Eltern Wohnort von Eberbach am Neckar. Der Besuch der Internatsschule von Hohenschwangau im Allgäu kam ihrer Skisportleidenschaft gezielt entgegen. Die Leiter der vielen noch anstehenden Erfolge bestieg Katja Seizinger erstmalig am 11. Februar 1990 in Meribel/Frankreich mit dem zweiten Platz im Weltcup eines Su-G. Im Dezember 1991 gelang Katja der erste Sieg im Weltcup-Su-G von Santa Caterina/Italien. In regelmäßiger Verlässlichkeit fuhr sie von diesem Zeitpunkt an von Erfolg zu Erfolg. Bei den Olympischen Winterspielen 1992 in Albertville, 1994 Lillehammer wie 1998 in Nagano gewann sie drei Gold- und zwei Bronzemedaillen. Und bei Weltmeisterschaften von Morioka 1993, von Sierra Nevada 1996, wie in Sestriere 1997 holt Seizinger einmal Gold und dreimal Silber. 36 Weltcupsiege (16x die Abfahrt, 16x den Su-G und 4x den Riesenslalom) und weitere 40 Platzierungen auf dem Podium machen Katja Seizinger zur Rekordhalterin im Bereich Ski Alpin. Zweimal entschied sie den Gesamt-Weltcup in den Jahren 1996 und 1998 für sich, dazu noch neunmal den Disziplin-Weltcup zu ihren Gunsten.

Für ihre Verdienste um den Alpinen Skisport in Deutschland erhielt Katja Seizinger eine lange Reihe von Ehrungen. Dreimal wurde sie zur „Sportlerin des Jahres" gewählt (1994, 1996, 1998). Im April 1999 gibt Katja Seizinger nach Verletzung mit 27 Jahren ihren Rücktritt vom Leistungssport bekannt. Im selben Jahr heiratet Katja Seizinger. Zur Familie gehören ein Sohn und Tochter. Seit 2003 arbeitet die studierte Betriebswirtin im Werk ihres Vaters „Südweststahl".

Katja Seizinger

Event	Datum	Event - Ort	Platz 1	Platz 2	Platz 3
WC	12.1991	Santa Caterina	Boürnissen	**Seizinger**	Zurbriggen
WC	01.1992	Schruns	**Seizinger**	Ginther	Gladyschewa
WC	01.1992	Morzine	**Seizinger**	Gutensohn	M. Gerg
WC	03.1992	Vail	**Seizinger**	Lee-Gartner	Vogt
WC	03.1992	Panorama	Kronberger	Merle	**Seizinger**
WC	12.1992	Lake Louise	Bournissen	**Seizinger**	M. Gerg
WC	01.1993	Cortina d`Amp.	Häusl	Zurbriggen	**Seizinger**
WC	01.1993	Cortina d`Amp.	**Seizinger**	Merle	Sadleder
WC	02.1993	Veysonnaz	**Seizinger**	Lee-Gartner	Vogt
WC	03.1993	Morzine	**Seizinger**	Häusl	Lodemel
WC	12.1993	Tignes	Pace	**Seizinger**	Häusl
WC	01.1994	Cortina d`Amp.	**Seizinger**	Wallinger	Pace
OLS	02.1994	Lillehammer	**Leizinger**	Street	Kostner
WC	03.1994	Whistler	**Seizinger**	Wiberg	Ruthven
WC	03.1994	Vail	**Seizinger**	Pace	Schneider
WC	12.1994	Vail	Lindh	Kostner	**Seizinger**
WC	12.1994	Lake Louise	Street	Lindh	**Seizinger**
WC	01.1995	Cortina d`Amp.	M. Gerg	Street	**Seizinger**
WC	01.1995	Cortina d`Amp.	Street	Merlin	**Seizinger**
WC	02.1995	Are	Street	**Seizinger**	Kostner
WC	12.1995	Lake Louise	Street	**Seizinger**	Selenskaia
WC	12.1995	St. Anton	**Seizinger**	Zurbriggen	Meissnitzer
WC	02.1996	Val d`Isere	**Seizinger**	Street	Kostner
WM	02.1996	Sierra Nevada	Street	**Seizinger**	Lindh
WC	03.1996	Kvitfiell	Zurbriggen	Kostner	**Seizinger**
WC	11.1996	Lake Louise	**Seizinger**	Montillet	Wiberg

Katja Seizinger

Abfahrtslauf

Event	Datum	Event - Ort	Platz 1	Platz 2	Platz 3
WC	12.1996	Vail	Götschl	Seizinger	Kostner
WC	01.1997	Cortina d`Amp.	Kostner +	Zurbriggen	Seizinger
WC	03.1997	Vail	Wiberg	Seizinger +	Götschl
WC	12.1997	Lake Louise	Seizinger	Gutensohn	Götschl
WC	12.1997	Lake Louise	Seizinger	Suchet	Kostner
WC	12.1997	Val d`Isere	Seizinger	H. Gerg	Marken
OLS	03.1998	Nagano	Seizinger	Wiberg	Masnada

Slalom

Event	Datum	Event - Ort	Platz 1	Platz 2	Platz 3
WC	03.1997	Vail	Magoni +	Wiberg	Seizinger

Riesenslalom

Event	Datum	Event – Ort	Platz 1	Platz 2	Platz 3
WC	03.1993	Hafiell	Meier-Höck	Ertl	Seizinger
WC	03.1993	Vemdalen	Seizinger	Zeller	Merle
WC	01.1994	Maribor	Maier	Schneider	Seizinger
WC	01.1996	Cortina d`Amp.	Wachter	Hansson	Seizinger
WC	01.1996	Maribor	Ertl	Compagnoni	Seizinger
WC	01.1996	Maribor	Seizinger	Nef	Ertl
WC	03.1996	Hafiell	Seizinger	Ertl	Meissnitzer
WC	10.1996	Sölden	Seizinger	Compagnoni	H. Gerg
WC	11.1996	Park City	Panzanini	Wachter	Seizinger
WC	01.1997	Zwiesel	Compagnoni	Wachter	Seizinger
WC	03.1997	Cortina d`Amp.	Compagnoni	Seizinger	Nef
WC	03.1997	Vail	Compagnoni	Seizinger	Roten
WC	01.1998	Cortina d`Amp.	Ertl	Seizinger	Duvillard
WC	01.1998	Bormio	Ertl	Seizinger	Compagnoni
OLS	03.1998	Nagano	Compagnoni	Meissnitzer	Seizinger

Katja Seizinger

Su-G

Event	Datum	Event - Ort	Platz 1	Platz 2	Platz 3
WC	02.1990	Meribel	Merle	**Seizinger**	Walliser
WC	12.1991	Sta. Caterina	**Seizinger**	Sadleder	Vogt
OLS	02.1992	Albertville	Compagnoni	Merle	**Seizinger**
WC	12.1992	Lake Louise	**Seizinger**	Lebedewa	Häusl
WM	02.1993	Morioka	**Seizinger**	Eder	Lodemel
WC	03.1993	Morzine	Compagnoni	**Seizinger**	Wachter
WC	03.1993	Are	**Seizinger**	Maier	Compagnoni
WC	12.1993	Flachau	Koren	Perez	**Seizinger**
WC	01.1994	Cortina d'Amp.	**Seizinger**	Maier	Lee-Gartner
WC	03.1994	Mmt.Mountain	**Seizinger**	Perez	H. Gergville
WC	03.1994	Vail	Roffe	**Seizinger**	Wachter
WC	12.1994	Lake Louise	**Seizinger**	Zeller	Ertl
OLS	01.1995	Haus/Ennstal	Wachter	**Seizinger**	Zeller
WC	01.1995	Flachau	Götschl	**Seizinger**	Pretnar
WC	03.1995	Bormio	**Seizinger**	Götschl	Masnada
WC	11.1995	Vail	Ertl	**Seizinger**	Kostner
WC	01.1996	Garmisch-P.	**Seizinger**	Ertl	Meissnitzer
WC	02.1996	Val d'Isere	**Seizinger**	Götschl	H. Gerg
WC	02.1996	Val d'Isere.	**Seizinger**	Kostner	Götschl
WC	03.1996	Kvitfiell	Marken	**Seizinger**	Kostner
WC	12.1996	Val d'Isere	H. Gerg	**Seizinger**	Kostner
WC	01.1997	Kleinkirchheim	Wiberg	Kostner	**Seizinger**
WC	01.1997	Cortina d'Amp.	Kostner	Wiberg	**Seizinger**
WM	02.1997	Sestriere	Kostner	**Seizinger**	H. Gerg
WC	03.1997	Mmt.Mountain	**Seizinger**	H. Gerg	Wiberg
WC	03.1997	Vail	**Seizinger**	H. Gerg	Ertl

Katja Seizinger

Su-G

Event	Datum	Event - Ort	Platz 1	Platz 2	Platz 3
WC	11.1997	Mm. Mountain	**Seizinger**	Kostner	Gutensohn
WC	12.1997	Lake Louise	**Seizinger**	H. Gerg	Kostner
WC	12.1997	Val d`Isere	**Seizinger**	Götschl	H. Gerg
WC	01.1998	Cortina d`Amp.	**Seizinger**	Götschl	Kostner

Kombination

Event	Datum	Event -Ort	Platz 1	Platz 2	Platz 3
WM	02.1997	Sestriere	Götschl	**Seizinger**	H. Gerg
WC	12.1997	Val d`Isere	H. Gerg	**Seizinger**	Ertl
WC	01.1998	Are	H. Gerg	Ertl	**Seizinger**
OLS	02.1998	Nagano	**Seizinger**	Ertl	H. Gerg

Martina Ertl

12. September in Bad Tölz -

Mit Martina Ertl ist ein weiteres sportliches Schwergewicht im Bereich des alpinen deutschen Leistungssports hervor zu heben. 430 Weltcuprennen hat Martina Ertl bestritten, so viele wie keine Andere in jener Zeit. Ihr Durchbruch gelingt mit der Bronzemedaille im Riesenslalom bei den Weltmeisterschaften 1993 in Morioka. Im März und Dezember des selben Jahres folgte im Weltcup von Hafjell und Veysonnaz im Riesenslalom mit Podestplätzen die Bestätigung. Eine lange über zehn Jahre andauernde erfolgreiche Karriere stand vor ihr. Sie gewann drei olympische Medaillen: 1994 in Lillehammer Silbermedaille im Riesenslalom und 1998 in Nagano nochmals Silber in der Kombination. Und auch 2002 bei Olympia in Salt Lake City gelang ihr noch einmal der Griff nach Kombinations-Bronze. Von vier Weltmeisterschaften (1993, 1996, 2001, 2005) brachte Martina Ertl viermal Edelmetall nach Deutschland: Zweimal Gold als Weltmeisterin in der Kombination und im Team wie auch zweimal Bronze im Riesenslalom. Auch zweimal gelang es ihr in den Jahren 1996 und 1998 den Disziplin- Weltcup für sich zu entscheiden. Im Laufe ihrer beeindruckenden Karriere konnte sie vierzehn Weltcuprennen als Siegerin beenden und stand 57 mal auf dem Podium. Dreizehnmal wurde sie Deutsche Meisterin: Fünf mal im Slalom, siebenmal im Riesenslalom und einmal im Su-G. Aber auch sie blieb vor Verletzungen und Zwangspausen nicht verschont; aber sie stand auch immer wieder auf. So konnte sie in den Weltcup- Saisonen von 2002/03 und 2003/04 nochmals fünf Podestplatzierungen herausfahren, dabei ihren letzten Sieg in einem Weltcup am 25. Oktober 2003 in Sölden. Das allerletzte Rennen absolvierte sie im März 2006 in Are.

Geheiratet hat Martina Ertl 2005 und eine Tochter wie ein Sohn machen die Familie Ertl-Renz komplett. Als Co-Kommentatorin/ Expertin im Fernsehen war sie wiederholt präsent.

Martina Ertl

Abfahrtslauf

Event	Datum	Event - Ort	Platz 1	Platz 2	Platz 3
WC	01.2000	Zauchensee	Rey-Bellet	Häusl	**Ertl**

Slalom

Event	Datum	Event - Ort	Platz 1	Platz 2	Platz 3
WC	03.1994	Mmt. Mountain	Schneider	Koren	**Ertl**
WC	03.1994	Vail	Schneider	Koren	**Ertl**
WC	01.1995	Garmisch-P.	**Ertl**	Compagnoni	Zingre
WC	03.1995	Lenzerheide	Wiberg	Schneider	**Ertl**
WC	03.1998	Saalbach-HiG	**Ertl**	Bakke	Koznick
WC	03.1998	Crans Montana	Hrovat	**Ertl**	H. Gerg
WC	11.2000	Park City	Kostelic	**Ertl**	Pascal
WC	11.2000	Aspen	Kostelic	**Ertl**	Koznick
WC	03.2001	Are	Nef	**Ertl**	Pärson
WC	01.2004	Megeve	Pärson	Schild	**Ertl**
WC	01.2004	Levi	Riesch	Görgl	**Ertl**

Kombination

Event	Datum	Event - Ort	Platz 1	Platz 2	Platz 3
WC	03.1995	Lenzerheide	Wiberg	Schneider	**Ertl**
WC	12.1997	Val d`Isere	H. Gerg	Seizinger	**Ertl**
WC	01.1998	Are	H. Gerg	**Ertl**	Seizinger
OLS	02.1998	Nagano	Seizinger	**Ertl**	H. Gerg
WC	12.1998	Veysonnaz	H. Gerg	**Ertl**	Gimle
WM	02.2001	St. Anton	**Ertl**	Sponring	Putzer
OLS	02.2002	Salt Lake City	Kostelic	Götschl	**Ertl**
WC	12.2002	Lenzerheide	Kostelic	**Ertl**	Riesch

Parallelslalom

Event	Datum	Event - Ort	Platz 1	Platz 2	Platz 3
WC	11.1997	Mth. Mountain	H. Gerg	**Ertl**	Meissnitzer

Martina Ertl

Riesenslalom

Event	Datum	Event - Ort	Platz 1	Platz 2	Platz 3
WM	02.1993	Morioka	Merle	Wachter	Ertl
WC	03.1993	Hafjell	Meier-Höck	Ertl	Seizinger
WC	12.1993	Veysonnaz	Compagnoni	Ertl	Schneider
OLS	02.1994	Hafjell	Compagnoni	Ertl	Schneider
WC	03.1994	Vail	Ertl	Schneider	Berge
WC	02.1995	Maribor	Ertl	Pretnar	Compagnoni
WC	12.1995	Val d`Isere	Ertl	Suhadolc	Meissnitzer
WC	12.1995	Veysonnaz	Ertl	Panzanini	Wachter
WC	01.1996	Maribor	Ertl	Compagnoni	Seizinger
WC	01.1996	Maribor	Seizinger	Nef	Ertl
WM	02.1996	Sierra Nevada	Compagnoni	Roten	Ertl
WC	03.1996	Hafjell	Seizinger	Ertl	Meissnitzer
WC	10.1997	Tignes	Compagnoni	Ertl	Fortkord
WC	01.1998	Bormio	Compagnoni	Ertl	Meissnitzer
WC	01.1998	Bormio	Ertl	Seizinger	Compagnoni
WC	01.1998	Cortina d`Amp.	Ertl	Seizinger	Duvillard
WC	01.1998	Are	Ertl	Nef	Ottosson
WC	03.1998	Crans Montana	Meissnitzer	Ertl	Compagnoni
WC	11.1998	Park City	Meissnitzer	Ertl	Heeb
WC	01.1999	Cortina d`Amp.	Meissnitzer	Ertl	Wachter
WC	01.2000	Berchtesgaden	Dorfmeister	Putzer	Ertl
WC	10.2000	Sölden	Ertl	Flemmen	Pärson
WC	01.2003	Maribor	Pärson	Hosp	Ertl
WC	10.2003	Sölden	Ertl	Pärson	Rienda
WC	01.2005	Maribor	Maze	Putzer	Ertl

Martina Ertl

Su-G

Event	Datum	Event - Ort	Platz 1	Platz 2	Platz 3
WC	12.1994	Lake Louise	Seizinger	Zeller	**Ertl**
WC	03.1995	Saalbach-HiG	Zeller	Zurbriggen	**Ertl**
WC	11.1995	Vail	**Ertl**	Seizinger	Kostner
WC	01.1996	Garmisch-P.	Seizinger	**Ertl**	Meissnitzer
WC	03.1997	Vail	Seizinger	H. Gerg	**Ertl**
WC	01.1998	Zauchensee	**Ertl**	Zurbriggen	Suchet
WC	12.1998	Mmt Mountain	Mitterwallner	Götschl	**Ertl**
WC	12.1998	Val d`Isere	Meissnitzer	**Ertl**	Cavagnoud
WC	01.1999	Maribor	H. Gerg	**Ertl**	Dorfmeister
WC	01.1999	Cortina d`Amp.	Götschl	**Ertl**	Cavagnoud
WC	03.2000	Bormio	Götschl	**Ertl**	Obermoser
WC	12.2000	Lake Louise	Götschel	Cavagnoud	**Ertl**
WC	12.2002	Lake Louise	Putzer	**Ertl**	Montillet
WC	03.2003	Liiiehammer	Putzer	**Ertl +**	Meissnitzer
WC	01.2004	Cortina d`Amp.	Götschel	**Ertl**	H. Gerg
WC	01.2005	Cortina d`Amp.	Götschel	Pärson	**Ertl**
WC	03.2006	Are	Hosp	Dorfmeister	**Ertl**

Regina Häusl

17. Dezember 1973 in Bad Reichenhall -

Im Februar 1992 sicherte sich Regine Häusl im Alter von neunzehn in Maribor die Weltmeistertitel im Riesenslalom und im Su-G bei den Junioren. In der Weltcup Saison 1992/93 gewann sie einen Abfahrtslauf in Cortina d´Ampezzo und stand als Dritte auf dem „Treppchen" beim Su-G in Lake Louise. Aber ihren sportlich wertvollsten Erfolg erlebte Regina Häusl mit dem Gewinn der Gesamtwertung des Weltcups 1999/2000 in der Disziplin Abfahrt. Es gelang ihr zwar nicht in der Rennsaison dieses Zeitabschnitts einen Abfahrtslauf für sich zu entscheiden, aber fünf zweite Plätze neben 4 Top-Zehn-Platzierungen sprachen für sich und Regina Häusl. Überschattet war ihr Zieldurchlauf bei der letzten Abfahrt des Weltcup-Finales in Bormio, als sie stürzte und sich den rechten Oberschenkel wie auch das Wadenbein brach. Nach einem Riss des Kreuzbandes im Jahr 2005 beendet Regine Häusl den Leistungssport.

Regina Häusl

Abfahrtslauf

Event	Datum	Event - Ort	Platz 1	Platz 2	Platz 3
WC	01.1993	Cortina d´Amp.	Häusl	Zurbriggen	Seizinger
WC	03.1993	Morzine	Seizinger	Häusl	Lodemel
WC	12.1993	Tignes	Pace	Seizinger	Häusl
WC	11.1998	Lake Louise	Götschel	Kostner	Häusl
WC	02.1999	Are	Götschl	Dorfmeister	Häusl
WC	12.1999	St. Moritz	Kostner	Häusl	Bracun
WC	01.2000	Zauchensee	Rev-Bellet	Häusl	Ertl
WC	02.2000	Santa Caterina	Kostner	Häusl	Rev-Bellet
WC	02.2000	Are	Götschl	Häusl	Schuster
WC	02.2000	Innsbruck	Götschl	Häusl	Dorfmeister

Su-G

Event	Datum	Event - Ort	Platz 1	Platz 2	Platz 3
WC	12.1992	Lake Louise	Seizinger	Lebedewa	Häusl
WC	01.1998	Cortina d´Amp.	Suchet	Häusl	Putzer
WC	01.2000	Zauchensee	Götschl	T. Schneider	Häusl

Annemarie Gerg

14. Juni 1975 in Bad Tölz –

Annemarie Gerg ist eine Cousine der erfolgreichen Olympiasiegerin Hilde Gerg. Als Juniorin war Annemarie Gerg recht erfolgreich. Das unterstrich sie bei den Junioren-Weltmeisterschaften 1994 von Lake Placid in den USA, als sie Silber und Bronze in der Abfahrt und im Su-G gewann. Zwischen 1997 bis 2003 konnte Annemarie Gerg sechs Deutsche Meistertitel realisieren. Fünfmal im Slalom und einmal im Riesenslalom. In der allerhöchsten Kategorie des Alpinen Skisports, 1967 vom Weltverband festgelegt, den prestigeträchtigen Weltcuprennen konnte Annemarie Gerg bis auf einen zweiten Rang im Dezember 2006 im Slalom von Val d´Isere nicht mehr überzeugen. Wiederholte Verletzungen am rechten Knie und die daraus resultierenden vielen Ausfälle in den Rennen nagten an der Sicherheit wie am Selbstvertrauen. Die Konsequenzen daraus zog Annemarie Gerg durch ihren im September 2007 doch sehr überraschend verkündeten Rücktritt vom alpinen Rennsport. - Sie schloss später einen Studiengang mit dem Bachelor „Arts of Gesundheitsmanagement" ab. Bewegungs- und Gesundheitstherapie sind nun Annemarie Gerg´s berufliche Schwerpunkte.

Slalom

Event	Datum	Event - Ort	Platz 1	Platz 2	Platz 3
WC	12.2006	Val d´Isere	Schild	**Gerg**	Borssen

Petra Haltmayr

16. September 1975 in Rettenberg/Allgäu –

Petra Haltmayr begann ihre leistungssportliche Karriere mit Stärken in den technischen Disziplinen wie dem Slalom und Riesenslalom, um später ihr größeres Potential bei den schnellen Disziplinen Abfahrt und Su-G zu entdecken. Im Januar 1996 konnte Haltmayr erstmals den Titel Deutsche Meisterin im Riesenslalom für sich beanspruchen, dem sie im Jahr 2000 die Titel in der Abfahrt und im Su-G beifügen konnte. Den vierten Meistertitel gewann Petra zum zweiten mal im Riesenslalom 2002. Zwei Jahre zuvor hatte sie bei ihrem Debüt im Weltcup mit einem Podestplatz von Rang Zwei im Abfahrtslauf von Lenzerheide/Schweiz überraschen können. Die Weltcup-Saison in 2000/01 ist ihre beste und auch erfolgreichste gewesen. Zwei Siege in Lake Louise im Abfahrtslauf und Su-G wie ein dritter Platz in der Abfahrt von Lenzerheide sollten die letzten ihrer Erfolge im Weltcup sein.

Petra Haltmayr war Teilnehmerin an den Winter-Olympiaden 2002 von Salt Lake City wie auch von Turin 2006. Drei Weltmeisterschaften in St. Anton 2001, in Santa Caterina und Are 2007 bildeten ihre Aktivitäten für den Ski Verband Deutschlands ab. Nach der Weltmeisterschaft in Are/Schweden gab Petra Haltmayr ihren Rücktritt vom Leistungssport Ski Alpin bekannt. Schon im März 2006 hatte die ehemalige Sportsoldatin an der Fachhochschule von Ansbach ein Studium für Internationales Management begonnen.

Abfahrtslauf

Event	Datum	Event - Ort	Platz 1	Platz 2	Platz 3
WC	03.2000	Lenzerheide	Imlig	**Haltmayr**	Götschl
WC	11.2000	Lake Louise	**Haltmayr**	Kostner	Götschl
WC	02.2001	Lenzerheide	Lee-Clark	Cavagnoud	**Haltmayr**

Su-G

Event	Datum	Event - Ort	Platz 1	Platz 2	Platz 3
WC	12.2001	Lake Louise	**Haltmayr**	Montillet	Lalive

Mathilde „Hilde" Gerg

25. Oktober 1975 in Lenggries –

Hilde Gerg ist die Dritte unseres Trios in der Weltklasse, die sich zu Katja Seizinger und Martina Ertl zugesellt und die 90er Jahre zu den Jubeljahren im Deutschen Ski Verband machten, was Erfolge in der Vielzahl und Häufigkeit betraf. Die „Wilde Hilde", wie Hilde Gerg wegen ihres Temperaments und dem Fahrstil von Fans und Medien tituliert wurde, hat sich in ihrer aktiven Zeit durch den Gewinn ihrer sechs Medaillen bei den Olympischen Spielen und Weltmeisterschaften ehren lassen können. Die wertvollste, die Goldmedaille im Slalom von Nagano 1998, und die Bronzemedaille in der Kombination gab es noch obendrauf. Es waren sicherlich Momente des Glücks, die man nie vergessen wird. Schon ein Jahr vorher bei den Weltmeisterschaften 1997 in Sestriere hatte es Bronze im Su-G und in der Kombination gegeben. Auch bei der WM 2001 in St. Anton sprang noch einmal Bronze in ihrer eigentlich neben der Abfahrt stärksten Waffe, beim Su-G heraus. Ihren ersten Weltcup sieg hatte Hilde bereits im Februar 1994 in der Sierra Nevada Spaniens im Su-G einfahren können. Und fünf Wochen später wurde sie in Lake Placid Junioren-Weltmeisterin im Su-G. Insgesamt, außer ihren olympischen und weltmeisterlichen Meriten gelangen Hilde Gerg noch zwanzig Weltcupsiege. Alles war dabei, Siege in der Abfahrt, dem Su-G, Slalom, Riesenslalom und Kombination. Außerdem künden weitere 38 Plätze auf dem Podest, das heißt neben dem Sieger zu stehen, eine überragende Bilanz im Weltcup. Es ist fast logisch, das Hilde auch vierfache Disziplin-Weltcupsiegerin mit je zweimal im Su-G und in der Kombination wurde. Weiter Sie besitzt zwei Deutsche Meistertitel in ihren zwei stärksten Disziplinen: 1997 im Su-G und 2005 und in der Abfahrt. Durch eine schwere Verletzung beeinträchtigt, zieht sich Hilde Gerg kurz vor Beginn der neuen Saison im Jahr 2005 vom Skirennsport zurück.

Von 2006 bis 2012 begleitete Hilde Gerg das Fernsehen oft als Co-Kommentatorin bei wichtigen alpinen Ski-Events. Nach dem frühen Tode ihres Mannes Wolfgang Graßl, den sie im Jahr 2000 geheiratet hatte, ist sie seit 2014 wieder verheiratet und ist Mutter von drei Kindern.

Mathilde „Hilde" Gerg

Abfahrtslauf

Event	Datum	Event – Ort	Platz 1	Platz 2	Platz 3
WC	01.1997	Kleinkirchheim	Zurbriggen	**Gerg**	Schuster
WC	12.1997	Val d`Isere	Seizinger	**Gerg**	Marken
WC	12.1998	Veysonnaz	**Gerg**	Wiberg	Perez
WC	01.1999	St. Anton	Rey-Bellet	Dorfmeister	**Gerg**
WC	01.1999	Cortina d`Amp.	Cavagnoud	Kostner	**Gerg**
WC	11.1999	Lake Louise	Kostner	**Gerg**	Rey-Bellet
WC	12.1999	St. Moritz	Wiberg	Götschl	**Gerg**
WC	03.2001	Are	**Gerg**	Kostner	Berthod
WC	01.2002	Saalbach-HiG	**Gerg**	Wiber	Kostner
WC	01.2002	Saalbach-HiG	**Gerg**	Götschl	Dorfmeister
WC	02.2002	Lenzerheide	Rey-Bellet	Suchet	**Gerg**
WC	12.2002	Lake Louise	**Gerg**	Montillet	Lee Clark
WC	03.2003	Innsbruck	Dorfmeister	Wirth	**Gerg**
WC	12.2003	Lake Louise	Montillet	**Gerg**	Lee Clark
WC	12.2003	St. Moritz	Götschl	**Gerg**	Riesch
WC	01.2004	Veysonnaz	Götschl	**Gerg +**	Dorfmeister
WC	01.2004	Cortina d`Amp.	**Gerg**	Götschl	Montillet
WC	12.2004	Lakelouise	Kildow	Montillet	**Gerg**
WC	12.2004	Lake Louise	**Gerg**	Götschl	Montillet
WC	01.2005	Santa Caterina	Dorfmeister	Kildow	**Gerg**
WC	01.2005	Cortina d`Amp.	Dorfmeister	Götschl	**Gerg**
WC	02.2005	San Sicario	Pärson	Kostelic	**Gerg**
WC	03.2005	Lenzerheide	Götschl	Jacquemod	**Gerg**

Riesenslalom

Event	Datum	Event - Ort	Platz 1	Platz 2	Platz 3
WC	10.1996	Sölden	Seizinger	Compagnoni	**Gerg**

Mathilde „Hilde" Gerg

Su-G

Event	Datum	Event - Ort	Platz 1	Platz 2	Platz 3
WC	02.1994	Sierra Nevada	**Gerg**	Kostner	Gutensohn
WC	03.1994	Mth. Mountain	Seizinger	Perez	**Gerg**
WC	02.1996	Val d`Isere	Seizinger	Götschl	**Gerg**
WC	12.1996	Lake Louise	Wiberg	**Gerg**	Selenskaia
WC	12.1996	Val d`Isere	**Gerg**	Seizinger	Kostner
WM	02.1997	Sestriere	Kostner	Seizinger	**Gerg**
WC	03.1997	Mth. Mountain	Seizinger	**Gerg**	Wiberg
WC	03.1997	Vail	Seizinger	**Gerg**	Ertl
WC	12.1997	Lake Louise	Seizinger	**Gerg**	Kostner
WC	12.1997	Val d`Isere	Seizinger	Götschl	**Gerg**
WC	11.1998	Lake Louise	Meissnitzer	Wiberg	**Gerg**
WC	01.1999	Maribor	**Gerg**	Ertl	Dorfmeister
WC	11.1999	Lake Louise	Suhadolc	**Gerg**	Kostner
WC	12.1999	Val d`Isere	Kostner	**Gerg**	Wiberg
WM	01.2001	St. Anton	Cavagnoud	Kostner	**Gerg**
WC	12.2001	Val d`Isere	**Gerg**	Götschl	T. Schneider
WC	01.2002	Cortina d`Amp.	**Gerg**	Götschl	Meissnitzer
WC	03.2002	Zauchensee	Dorfmeister	Meissnitzer	**Gerg**
WC	11.2002	Aspen	**Gerg**	Kostelic	Kostner
WC	01.2003	Cortina d`Amp.	Montillet	Götschl	**Gerg**
WC	12.2003	Lake Louise	Götschl	Dorfmeister	**Gerg**
WC	01.2004	Veysonnaz	**Gerg**	Dorfmeister	Berger
WC	01.2004	Cortina d`Amp.	Simard	Riesch	**Gerg**
WC	01.2004	Cortina d`Amp.	Götschl	Ertl	**Gerg**
WC	12.2004	St. Moritz	**Gerg**	Kildow	Riesch

Mathilde „Hilde" Gerg

Slalom

Event	Datum	Event – Ort	Platz 1	Platz 2	Platz 3
WC	01.1998	Bormio	Nowen	**Gerg**	Pretnar
WC	01.1998	Bormio	**Gerg**	Koznick	Pretnar
WC	01.1998	Are	Koznick	**Gerg**	Egger
OLS	02.1998	Nagano	**Gerg**	Compagnoni	Steggall
WC	03.1998	Crans Montana	Hrovat	Ertl	**Gerg**
WC	01.1999	Maribor	Wiberg	**Gerg**	Nowen

Parallelslalom

Event	Datum	Event - Ort	Platz 1	Platz 2	Platz 3
WC	11.1997	Mth. Mountain	**Gerg**	Ertl	Meissnitzer

Kombination

Event	Datum	Event – Ort	Platz 1	Platz 2	Platz 3
WC	12.1995	St. Anton	Wachter	Marken	**Gerg**
WC	02.1997	Laax	Wiberg	**Gerg**	Wachter
WM	02.1997	Sestriere	Götschl	Seizinger	**Gerg**
WC	12.1997	Val d`Isere	**Gerg**	Seizinger	Ertl
WC	01.1998	Are	**Gerg**	Ertl	Seizinger
OLS	02.1998	Nagano	Seizinger	Ertl	**Gerg**
WC	12.1998	Vevsonnaz	**Gerg**	Ertl	Gimle
WC	01.1999	St. Anton	Kostelic	**Gerg**	Gimle

Monika Bergmann

17. April 1978 in Lam/Bayrischer Wald -

Als 19-jährige wurde Monika Bergmann 1997 im österreichischen Schladming Junioren-Weltmeisterin im Abfahrtslauf. Noch mehr zu bewerten aber für sie war der Gewinn des Weltmeistertitels im Team 2005 in Bormio/Italien mit ihren Mannschaftskollegen Andreas Ertl, Martina Ertl, Florian Eckert, Hilde Gerg und Felix Neureuther. Monika Bergmann startete dreimal bei Olympia 1998, 2002 und 2006. Bestes Ergebnis bei den olympischen Events ist Platz 6 im Slalom von Salt Lake City 2002 gewesen. Im Weltcup erreichte Monika Bergmann in den Jahren von 2001 bis 2005 im Slalom, ihrer starken Disziplin mit sechs Podest-Plätzen sehr ansprechende und konstante Leistungen. Die Saison 2003/04 beendet sie als Dritte des Disziplin-Weltcups im Slalom hinter Anja Paerson/Schweden und Marlis Schild/Österreich. Fünfmal in Folge von 2004 bis zum Jahr 2008 gewann Monika Bergmann im Slalom den Deutschen Meistertitel.

Nach der Verheiratung startete sie für den Deutschen Skiverband unter dem Namen Bergmann-Schmuderer. Zum Ende der Saison 2008/09 gab sie ihren Rücktritt vom Leistungssport bekannt. 2010 schloss sie ein Studium mit dem „Bachelor of Arts International Management" ab und ist seit dem in der freien Wirtschaft tätig.

Slalom

Event	Datum	Event - Ort	Platz 1	Platz 2	Platz 3
WC	12.2001	Lienz	Pärson	**Bergmann +**	Koznick
WC	03.2003	Are	Kostelic	Pärson	**Bergmann**
WC	12.2003	Lienz	Pärson	Hosp	**Bergmann**
WC	01.2004	Megeve	Pärson	Schild	**Bergmann**
WC	02.2004	Zwiesel	Pärson	**Bergmann**	Zuzulova
WC	01.2005	Santa Caterina	Schild	Koznick	**Bergmann**

Kathrin Hölzl

18. Juli 1984 in Berchtesgaden -

Kathrin Hölzl stand schon mit drei Jahren auf Skiern mit fünfzehn bei FIS-Rennen und mit siebzehn im Europacup eingesetzt, galt sie als Spätstarterin was den Weltcup betraf. Ihren ersten Einsatz hier bekam Kathrin Hölzl am 15. Dezember 2001 in Val d`Isere beim „Kriterium des ersten Schnee". Es sollte mehr als sechs Jahre andauern, bis sich der so heiß ersehnte Podiumsplatz realisierte. Am 18. März 2007 erfüllten sich endlich ihre Hoffnungen mit Platz Zwei im Riesenslalom des Weltcup-Finales von Lenzerheide. Ausschließlich der Riesenslalom war ihr Ding. Alle ihre Erfolge erzielte sie in dieser, ihrer Paradedisziplin. Die Rennsaison 2008/09 begann recht maßvoll. Ein dritter Rang in Maribor. Aber im Februar 2009 bei der Weltmeisterschaft der Alpinen in Val d`Isere dann der ganz große Knall: Kathrin Hölzl, Deutschland heißt die neue Weltmeisterin im Riesenslalom. 31 Jahre nach Marie Epple`s Weltmeisterschaftserfolg von 1978. Kathrin Hölzl`s gute Form hielt an, und im November folgte in Aspen/USA dann auch ihr erster Weltcupsieg, wieder im Riesenslalom. Der Dritte Streich glückte ihr im Dezember in Lienz. Beim Weltcup-Finale in Garmisch-Partenkirchen gelang ihr mit dem zweiten Platz des Riesenslaloms den Disziplin-WC 2009/10 für sich zu entscheiden. Logisch auch, das Kathrin den einzigen Deutschen Meistertitel im Riesenslalom für sich entscheidet. Zu Beginn der neuen Saison 2010/11 startete Kathrin Hölzl mit drei Podestplätzen, aber schon länger sie plagende Rückenschmerzen fordern Tribut und sie fiel den Rest Saison aus. Ihr Zustand besserte sich auch nicht bei ihren Starts 2011/12, bei denen sie mehrfach aufgeben muss. Dann im Oktober 2013 gab Kathrin bedauernd ihren Rücktritt bekannt.

Kathrin Hölzl

Riesenslalom

Event	Datum	Event - Ort	Platz 1	Platz 2	Platz 3
WC	03.2007	Lenzerheide	Hosp	Hölzl	Kirchgasser
WC	01.2009	Maribor	Maze	Karbon	Hölzl
WM	02.2009	Val d`Isere	Hölzl	Maze	Poutiainen
WC	11.2009	Aspen	Hölzl	Zettel	Brigone
WC	12.2009	Lienz	Hölzl	Mölgg	Barioz
WC	01.2010	Cortin d`Amp.	Poutiainen	Rebensburg	Hölzl
WC	03.2009	Garmisch-P.	Maze	Hölzl	Riesch
WC	10.2010	Sölden	Rebensburg	Hölzl	Mölgg
WC	11.2010	Aspen	Worley	Rebensburg	Hölzl
WC	12.2010	Semmering	Worley	Riesch	Hölzl

Maria Riesch

24. November 1984 in Garmisch-Partenkirchen –

Mit der am 20. März 2014 zurückgetretenen Ski-Ass Maria Riesch ist die letzte Vertreterin einer goldenen starken Frauenpower von Bord gegangen, sieht man von der noch aktiven Viktoria Rebensburg einmal ab. Maria Riesch war und wurde die Hoffnungsträgerin nach der Ära Seizinger, Ertl und Gerg. Nach den großen Erfolgen ist sie zweifelsohne in einem Atemzug mit den alpinen deutschen Stars der Vergangenheit wie vormals Christl Cranz, Ossi Reichert, Mirl Buchner, Rosi Mittermaier, Katja Seizinger oder auch Hilde Gerg zu nennen. Schon in Maria Riesch`s Juniorenzeit deuteten sich Talent und das Potential überzeugend an: 5x Gold, 2x Silber und 2x Bronze gewann Maria Riesch schon bei den Junioren-Weltmeisterschaften. Eine stolze Bilanz, die hier bereits andeutet, welches Talent sich da entwickelt hat. Während ihrer aktiven Zeit aber blieb auch Maria nicht von Verletzungen ausgenommen. Die Weltcup-Ergebnisse in den Jahren 2004/05 und auch 2005/06 waren daher auch eher bescheiden ausgefallen. Aber sie kehrte zurück zu alter oder besser neuer Leistungsstärke. Die Ergebnisse sprechen für sich. Bei Olympia in Vancouver 2010 und 2014 im russischen Sotschi bestanden die Medaillengewinne aus 3x Gold und 1x Silber. Bei den alle zwei Jahre stattfindende Weltmeisterschaften von 2oo9, 2011 , 2013 in Val d`Isere, Garmisch-Partenkirchen und Schladming waren es nicht viel weniger, die Riesch nach Hause brachte: 2x Gold und 4x eine Bronzemedaille. Überragend auch die Bilanzen im Weltcup-Geschehen. 27 Weltcup-Rennen gewann Maria Riesch, weitere 54 Mal stand sie auch dem Podest als Zweite oder Dritte. Noch eine Trophäe nennt sie ihr Eigen durch den Sieg im Gesamt-Weltcup 2010/11 vor ihrer Dauerrivalin der letzten Jahre Lindsey Vonn aus den USA. Schon in 2008/09 und 2009/10 gewinnt Maria den Disziplin-Weltcup im Slalom. Fünfmal wurde sie Deutsche Titelträgerin: In der Abfahrt dreimal (2001, 2002, 2007) und zweimal im Su-G (2001, 2004).

Zahlreiche Ehrungen um die Verdienste ihres Sports wurden Maria Riesch noch in ihrer aktiven Zeit angetragen und verliehen. Das Silberne Lorbeerblatt des Bundespräsidenten und ihre zweimalige Wahl zur Sportlerin des Jahres 2010 und 2014 stehen stellvertretend für noch andere. Im April 2011 hatte sie ihren langjährigen Manager Marcus Höfl geheiratet.

Ein schwerer Sturz im Abfahrtslauf beim Weltcup-Finale von Lenzerheide läutet das Karriere-Ende von Maria Riesch ein. Trotz dieses Missgeschicks gewinnt sie sich noch einmal den Disziplin-Weltcup : Abfahrtslauf 2013/14.

Abfahrtslauf

Event	Datum	Event – Ort	Platz 1	Platz 2	Platz 3
WC	12.2003	St. Moritz	Götschl	H. Gerg	Riesch
WC	01.2004	Haus/Ennstal	Riesch	Kostner	Götschl
WC	12.2006	Lake Louise	Riesch	Kildow	Fanchini
WC	12.2007	St. Moritz	Pärson	Vonn	Riesch
WC	12.2008	Lake Louise	Vonn	Fanchini	Riesch
WC	03.2009	Are	Vonn	Riesch	Götschl
WC	12.2009	Lake Louise	Vonn	Brvdon	Riesch
WC	12.2009	Lake Louise	Vonn	Riesch	Brvdon
WC	01.2010	Haus/Ennstal	Vonn	Pärson	Riesch
WC	01.2010	Cortina d`Amp.	Vonn	Riesch	Pärson
WC	01.2010	St. Moritz	Riesch	Jacquemod	Suter
WC	03.2010	Garmisch- P.	Riesch	Vonn	Pärson
WC	12.2010	Lake Louise	Riesch	Vonn	Görgl
WC	12.2010	Lake Louise	Riesch	Vonn	Gisin
WC	01.2011	Cortina d`Amp.	Riesch	Mancuso	Vonn
WM	02.2011	Garmisch-P.	Görgl	Vonn	Riesch
WC	02.2011	Are	Vonn	Maze	Riesch
WC	01.2012	Cortina d`Amp.	Merighetti	Vonn	Riesch
WC	01.2012	St. Moritz	Vonn	Riesch	Weirather
WC	02.2012	Sotschi	Riesch	Görgl	Vonn
WC	11.2012	Lake Louise	Vonn	Cook	Riesch
WM	02.2013	Schladming	Rolland	Fanchini	Riesch
WC	02.2013	Meribel	Castillo	Riesch	Marchand
WC	03.2013	Garmisch-P.	Maze	Ross	Riesch
WC	12.2013	Lake Louise	Riesch	Abderhalden	Fanchini
WC	12.2013	Lake Louise	Riesch	Weirather	Fenninger

122

Maria Riesch

Abfahrtslauf

Event	Datum	Event - Ort	Platz 1	Platz 2	Platz 3
WC	01.2014	Zauchensee	Görgl	Fenninger	Riesch
WC	01.2014	Cortina d`Amp.	Riesch	Weirather	Schmidhofer

Su-G

Event	Datum	Event -Ort	Platz 1	Platz 2	Platz 3
WC	01.2004	Cortina d`Amp.	Simard	Riesch	H. Gerg
WC	02.2004	Haus/Ennstal	Riesch +	Montillet	Dorfmeister
WC	03.2004	Sestriere	Styger	Riesch	Dorfmeister
WC	12.2004	St. Moritz	H. Gerg	Kildow	Riesch
WC	12.2007	Lake Louise	Schild	Riesch	Lindell
WC	01.2008	Cortina d`Amp.	Riesch	Görgl	Götschl
WC	02.2008	Sestriere	Fischbacher+	Suter	Riesch
WC	03.2009	Are	Vonn	Fanchini	Riesch
WC	12.2010	Lake Louise	Vonn	Riesch	Mancuso
WC	01.2011	Cortina d`Amp.	Vonn	Riesch	Maze
WM	02.2011	Garmisch-P.	Görgl	Mancuso	Riesch
WC	02.2011	Are	Riesch	Vonn	Mancuso
WC	03.2011	Tarvisio	Vonn	Mancuso	Riesch
WC	01.2012	Cortina d`Amp.	Vonn	Riesch	Maze
WC	03.2013	Garmisch-P.	Fenninger	Riesch	Mancuso
WC	01.2014	Cortina d`Amp.	Görgl	Riesch	Hosp
WC	01.2014	Cortina d`Amp.	Gut	Weirather	Riesch
OLS	02.2014	Sotschi	Veith	Riesch	Hosp

Maria Riesch

Slalom

Event	Datum	Event - Ort	Platz 1	Platz 2	Platz 3
WC	02.2004	Levi	Poutiainen	Görgl	Riesch
WC	02.2004	Levi	Riesch	Görgl	Ertl
WC	01.2008	Spindler Mlyn	Schild	Zuzulova	Riesch
WC	11.2008	Levi	Vonn	Holmner	Riesch
WC	12.2008	La Molina	Riesch	Vonn	Zettel
WC	12.2008	Semmering	Riesch	Poutiainen	Vonn
WC	01.2009	Zagreb	Riesch	Gius	Zahrobska
WC	01.2009	Maribor	Riesch	Zettel	Poutiainen
WC	01.2009	Garmisch-P.	Vonn	Riesch	Ferk
WM	02.2009	Val d`Isere	Riesch	Zahrobska	Poutiainen
WC	11.2009	Levi	Riesch	Vonn	Poutiainen
WC	12.2009	Are	Aubert	Riesch	S. Riesch
WC	01.2010	Flachau	Schild	Riesch	Zettel
WC	01.2010	Maribor	Zettel	Maze	Riesch
OLS	02.2010	Vancouver	Riesch	Schild	Zahrobska
WC	03.2010	Garmisch-P.	Schild	Zettel	Riesch
WC	11.2010	Levi	Schild	Riesch	Poutiainen
WC	11.2010	Aspen	Holmner	Riesch	Poutiainen
WC	12.2010	Semmering	Schild	Riesch	Geiger
WC	01.2011	Zagreb	Schild	Riesch	Mölgg
WC	01.2011	Flachau	Riesch +	Poutiainen	Noens
WC	11.2011	Aspen	Schild	Holmner	Riesch
WC	12.2011	Flachau	Schild	Riesch	Maze
WC	03.2012	Are	Riesch	Zuzulova	Gagnon
WC	11.2012	Levi	Riesch	Poutiainen	Shiffrin
WC	11.2013	Levi	Shiffrin	Riesch	Maze
WC	12.2013	Lienz	Schild	Shiffrin	Riesch

Maria Riesch

Riesenslalom

Event	Datum	Event - Ort	Platz 1	Platz 2	Platz 3
WC	01.2010	Maribor	Zettel	**Riesch**	Pärson
WC	03.2010	Garmisch- P.	Maze	Hölzl	**Riesch**
WC	12.2010	Semmering	Worley	**Riesch**	Hölzl
WC	02.2012	Soldeu	Worley	Maze	**Riesch**

Kombination

Event	Datum	Event -Ort	Platz 1	Platz 2	Platz 3
WC	12.2002	Lenzerheide	Kostelic	Ertl	**Riesch**
WC	12.2007	St. Anton	Vonn	**Riesch**	Mancuso
WC	02.2008	Whistler	**Riesch**	Schild	Pärson
WC	03.2008	Crans Montana	Pärson	**Riesch**	Vonn
WC	02.2009	Tarvisio	**Riesch**	Vonn	Zettel
WC	12.2009	Val d`Isere	Vonn	**Riesch**	Görgl
OLS	02.2010	Vancouver	**Riesch**	Mancuso	Pärson
WC	02.2011	Are	**Riesch**	Maze	Görgl
WC	03.2011	Tarvisio	Maze	Vonn	**Riesch**
WC	01.2012	St. Moritz	**Riesch**	Vonn	Hosp
WM	02.2013	Schladming	**Riesch**	Maze	Hosp
WC	01.2014	Zauchensee	Gagnon	Kirchgasser	**Riesch**
OLS	02.2014	Sotchi	**Riesch**	Hosp	Mancuso

Fanny Chmelar

31. Oktober 1985 in Weilheim/Oberbayern -

Fanny Chmelar hat ihr Potenzial, das sie ohne Zweifel im Schüler- und im Jugendbereich besaß, nie wirklich umsetzen können. In der späteren aktiven Zeit und Kader-Zugehörigkeit zeigte sie im Jahre 2009 ihre besten Leistungen. So wurde Fanny Chmelar am Oberjoch Deutsche Meisterin im Slalom, holte in Garmisch-Partenkirchen den Titel im Su-G und entschied die Su-Kombination gleichfalls für sich. Bezeichnenderweise für ihre sehr gute Verfassung im Jahr 2009, resultierte auch daraus Fanny Chmelars einziges Weltcup-Ergebnis auf dem Podest. Ein zweiter Rang im Slalom von Are beim Weltcup-Finale in Schweden. Später bei im Weltcup nachgeordneten FIS-Rennen im Europacup zeitigte Fanny sehr gute Platzierungen, die der Deutsche Skiverband zum Anlass nahm, sie für die Weltmeisterschaften 2007 in Are und auch später in Garmisch-Partenkirchen 2011 zu nominieren. Auch nominierte der Skiverband Chmelar für die Olympischen Winterspielen von Vancouver 2010 in Kanada. Allen ihren Starts fehlten aber herausragende Platzierungen. Fehlende Erfolge nagen in bekannter Weise am Selbstvertrauen, und gaben Fanny Chmelar vielleicht Anlass, im März 2013 dem Skirennen Adieu zu sagen. - In ihrem letzten Rennen innerhalb des Weltcup in Ofterschwang fuhr sie den Parcours origineller Weise in einem Ballett-Röckchen, dem Tutu, herab.

Slalom

Event	Datum	Event - Ort	Platz 1	Platz 2	Platz 3
WC	03.2009	Are	Aubert	Chmelar	Borssen

Gina Stechert

20. November 1987 in Oberstdorf/Allgäu –

Die schnellen Disziplinen, Abfahrt und Su-G, das waren ihr Metier. Nach den Einsätzen bei FIS- und Europacup-Rennen, startete Gina Stechert am 21.12. 2004 in den Weltcup. Gute Ergebnisse konnte sie aber nicht erzielen. Der Riss des Kreuzbandes im rechten Knie bei der Junioren-Weltmeisterschaft 2005 setzte sie zunächst außer Gefecht. Aber im März des folgenden Jahres gewann Gina Stecher den Deutschen Titel im Abfahrtslauf, den sie im Jahr 2008 noch mal erringen konnte. 2007 hatte Stechert den Kombinationstitel gewinnen können. Im Februar bei der alpinen Weltmeisterschaft 2009 von Val d`Isere war Gina Stechert weit von vorderen Plätzen entfernt. Aber 14 Tage später sollte doch noch ihr Monat und Tag des persönlichen Höhepunkts einer sonst nicht aufregenden Karriere werden. Das Weltcup-Abfahrtsrennen von Tarvisio am 21. Februar gewann Gina Stechert mit dem hauchdünnen Vorsprung einer 1/100 Sek. vor der ausgemachten Favoritin Lindsey Vonn aus den USA.

Im März zog sich Stechert erneut einen Kreuzbandriss zu, dies mal im linken Knie. Einen vierten Deutschen Titel, den im Su-G konnte sie 2010 überraschend für sich einfahren. Bei den TOP-Events, Olympia 2010 in Vancouver und der WM 2011 in Garmisch-Partenkirchen kam sie sehr weit weg von den vorderen Rängen ins Ziel. Ein schwerer Sturz beim Eröffnungsrennen führte zum Aus in der Saison. Das Verletzungspech klebte an Gina Stechert. In der Saison-Vorbereitung 2011/12 in Chile riss Gina zum dritten Mal das Kreuzband und nach der Rückkehr ins Renngeschehen riss die Patella-Sehne in Altenmarkt-Zauchensee , Anlass für Gina Stechert 2015 zurückzutreten.

Abfahrtslauf

Event	Datum	Event - Ort	Platz 1	Platz 2	Platz 3
WC	02.2009	Tarvisio	Stechert	Vonn	Pärson

Susanne Riesch

08. Dezember 1987 in Garmisch-Partenkirchen –

Susanne Riesch ist Schwester der Olympiasiegerin und Weltmeisterin bei den Alpinen, Maria Riesch. Im Nationalkader befand sich Susanne Riesch ab der Saison 2007/08. Erstmals am 13. Dezember 2009 erreichte sie als Dritte des Slaloms von Are ein Weltcup-Ergebnis auf dem Podium. Die vierten Ränge von Levi und Aspen in den vorangegangenen Rennen rechtfertigten Hoffnungen, selbst ihrer Schwester Maria Riesch bald Konkurrenz zu machen zu können. Nur knapp vier Wochen später fuhr sie erneut als Slalom-Dritte in Zagreb aufs Podest. Und im März 2009 siegte Susanne Riesch im Riesenslalom bei den Deutschen Meisterschaften, um ein Jahr später auch den Titel in der Kombi zu gewinnen. Sie war auf dem besten Weg eine Weltklasse-Alpine zu werden. Ihre guten Ergebnisse rechtfertigten Susanne an den Weltmeisterschaften 2007 in Are und Val d`Isere 2009 teilnehmen zu lassen. Bei beiden Events schied sie jeweils im zweiten Durchgang des Slaloms aus. Das Gleiche passierte leider bei den Olympischen Spielen 2010 von Vancouver, aussichtsreich auf Platz Vier liegend im zweiten Lauf auszuscheiden. Eine sehr schwere Verletzung, die sie sich im Training zu einer Abfahrt in den Anden/Chile zuzog, hatte unabsehbare Folgen. Die furchtbare Diagnose: Ein Bruch des linken Schienbeinkopfes, ein Kreuzbandriss und eine Meniskus-Fraktur zwangen Susanne Riesch die Saison 2011/12 wie auch 2012/13 ganz auszulassen. Ein geplantes Comeback für die Saison 2013/14 , mit der einer Qualifikation zu den Olympischen Spielen in Sotschi verhinderte eine erneute Operation am linken Knie. Sehr verzweifelt hängte Susanne Riesch ihre alpinen Zukunftspläne am 06. Januar 2015 für immer an den Nagel.

Slalom

Event	Datum	Event - Ort	Platz 1	Platz 2	Platz 3
WC	12.2009	Are	Aubert	M. Riesch	Riesch
WC	01.2010	Zagreb	Aubert	Zettel	Riesch

Viktoria Rebensburg
04. Oktober 1989 in Kreuth/Oberbayern -

Erst 16 Jahre war Viktoria Rebensburg alt, als sie 2006 den deutschen Meistertitel im Su-G gewann. Aufgrund ihrer starken Auftritte im Su-G und Riesenslalom bei Europacuprennen nominierte sie der DSV für die alpine Weltmeisterschaft 2007 im schwedischen Are. Das Vertrauen rechtfertigte Viktoria Rebensburg mit Rang 8 im Riesenslalom. Im Februar 2008 der Durchbruch, sie wurde Junioren-Weltmeisterin im Su-G. Eine Silber- und die Bronzemedaille im Riesenslalom und der Abfahrt komplettierten den Medaillensatz. Im März folgten die deutschen Titel Zwei und Drei in den gleichen Disziplinen. Mehr und mehr entpuppte sich Viktoria als eine fasst sichere Bank bei der Nominierung von Favoriten. Bei der bevorstehenden Juniorenweltmeisterschaft 2009 triumphierte sie auch wieder im Su-G, und etwas später dann auch beim Riesenslalom von Garmisch-Partenkirchen. Viktorias erster Podiumsplatz im Weltcup folgte dann am 24. Januar 2010 in Cortina d`Ampezzo mit Platz 2 im Riesenslalom. So war es keine allzu große Überraschung mehr, dass sie bei den Olympischen Winterspielen von 2010 mit zu den Favoritinnen gehörte. Wunschtraum? Nein! Viktoria gewinnt im kanadischen Vancouver dann auch die Goldmedaille. Es folgen im Weltcup viele weitere Siege und Plätze auf dem Podest. Viktoria Rebensburg gewann zweimal die Disziplinwertung im Riesenslalom in den Jahren 2010/11 und 2011/12 des Weltcups. Die Spiele in Sotchi 2014 beendete sie mit einer weiteren olympischen Medaille in Bronze für den Riesenslalom. Um die erste Medaille bei einer Weltmeisterschaft kämpfte sie 2015 in Vail/USA, die sie mit Silber im Riesenslalom abschloss. 2017, bei der WM in St. Moritz blieb sie ohne die erhoffte Platzierung für eine Medaille. Aber weiterhin mischte sie mit im Kampf um Weltcup-Erfolge. Und So gewann Rebensburg noch drei Riesenslaloms 2017/18 neben fünf zweiten Plätzen auf dem Podium. Auch in 2019/20 war sie mit dem Abfahrtserfolg und zwei Siegen im Su-G neben fünf Platzierungen auf dem Podest des Weltcups vertreten. Überraschend um so mehr, der Rücktritt der Weltklasse-Athletin, den Viktoria Rebensburg Anfang September endgültig wegen einer wiederkehrenden Verletzung bekannt gab.

Viktoria Rebensburg

Abfahrtslauf

Event	Datum	Event - Ort	Platz 1	Platz 2	Platz 3
WC	12.2014	Val d`Isere	Vonn	Rebensburg +	Görgl
WC	01.2015	Cortina d`Amp.	Fanchini	Yurkiw	Rebensburg
WC	02.2016	Garmisch- P.	Vonn	Suter	Rebensburg
WC	01.2017	Garmisch-P.	Vonn	Gut	Rebensburg
WC	12.2017	Lake Louise	Shiffrin	Rebensburg	Gisin
WC	03.2019	Soldeu	Pucher	Rebensburg	Suter
WC	02.2020	Garmisch-P	Rebensburg	Brignone	Ledecka

Su-G

Event	Datum	Event - Ort	Platz 1	Platz 2	Platz 3
WC	03.2012	Schladming	Rebensburg	Mancuso	Rolland
WC	01.2013	Cortina d`Amp.	Rebensburg	Schmidhofer	Suter
WC	01.2016	Cortina d`Amp.	Vonn	Weirather	Rebensburg
WC	02.2016	Garmisch-P.	Gut	Rebensburg	Vonn
WC	03.2018	Are	Goggia	Rebensburg	Vonn
WC	12.2018	Lake Louise	Shiffren	Mowinckel	Rebensburg
WC	03.2019	Soldeu	Rebensburg	Tippler	Brignone
WC	12.2019	Lake Louise	Rebensburg	Lelago	Suter

Riesenslalom

Event	Datum	Event - Ort	Platz 1	Platz 2	Platz 3
WC	01.2010	Cortina	Poutiainen	Rebensburg	Hölzl
OLS	02.2010	Vancouver	Rebensburg	Maze	Görgl
WC	10.2010	Sölden	Rebensburg	Hölzl	Mölgg
WC	11.2010	Aspen	Worley	Rebensburg	Hölzl
WC	02.2011	Zwiesel	Rebensburg	Brignone	Zettel
WC	03.2011	Spindler Mlyn	Rebensburg	Karbon	Vonn
WC	10.2011	Sölden	Vonn	Rebensburg	Görgl
WC	11.2011	Aspen	Rebensburg	Görgl	Mancuso

Riesenslalom

Event	Datum	Event - Ort	Platz 1	Platz 2	Platz 3
WC	01.2012	Kraniska Gora	Worlev	Brignone	**Rebensburg**
WC	03.2012	Ofterschwang	**Rebensburg**	Maze	Görgl
WC	03.2012	Ofterschwang	**Rebensburg**	Vonn	Maze
WC	03.2012	Are	Vonn	Brignone	**Rebensburg**
WC	03.2012	Schladming	**Rebensburg**	Fenninger	Brignone
WC	11.2012	Aspen	Maze	Zettel	**Rebensburg**
WC	12.2012	St. Moritz	Maze	**Rebensburg**	Worlev
WC	12.2012	Are	**Rebensburg**	Fenninger	Maze
WC	03.2013	Ofterschwang	Fenninger	Maze	**Rebensburg**
WC	10.2013	Sölden	Gut	Zettel	**Rebensburg**
OLS	02.2014	Sotchi	Maze	Veith	**Rebensburg**
WC	03.2014	Are	Fenninger	**Rebensburg**	Lindell
WM	02.2015	Vail	Fenninger	**Rebensburg**	Lindell
WC	02.2015	Maribor	Fenninger	**Rebensburg**	Weirather
WC	12.2015	Lienz	Gut	Weirather	**Rebensburg**
WC	01.2016	Flachau	**Rebensburg**	Drev	Brignone
WC	01.2016	Maribor	**Rebensburg**	Drev	Weirather
WC	03.2016	Jasna	Brem	**Rebensburg**	Brignone
WC	03.2016	St. Moritz	**Rebensburg**	Barioz	Gut
WC	12.2016	Semmering	Shiffrin	Worlev	**Rebensburg**
WC	10.2017	Sölden	**Rebensburg**	Worlev	Mölgg
WC	11.2017	Killington	**Rebensburg**	Shiffrin	Mölgg
WC	12.2017	Lienz	Brignone	**Rebensburg**	Shiffrin
WC	01.2018	Kronplatz	**Rebensburg**	Mowinckel	Brignone
WC	01.2018	Lenzerheide	Worlev	**Rebensburg**	Hrovat
WC	03.2018	Ofterschwang	Mowinckel	**Rebensburg**	Shiffrin
WC	12.2018	Courchevel	Shiffrin	**Rebensburg**	Worlev
WC	12.2018	Semmering	Vlhova	**Rebensburg**	Worlev
WM	02.2019	Are	Vlhova	**Rebensburg**	Shiffrin
WC	03.2019	Spindlermühle	Vlhova	**Rebensburg**	Shiffrin

Christina Geiger

06. Februar 1990 in Oberstdorf -

Christina Geiger bekam ihre Chance zum Start in den Weltcup am 29. Dezember 2008 für den Slalom von Semmering/Österreich. Davor war sie in diversen FIS- und Europacuprennen unterwegs. Bei weiteren Einsätzen in Weltcup-Rennen erzielt sie in der Saison 2009/10 ihre bis dato besten Platzierungen im Slalom. In Aspen und Lienz gelang es ihr jeweils unter die TOP Zehn mit zwei achten Rängen zu fahren. Geigers emotionalster Moment war der im Jahre 2010, als sie in Chamonix die Goldmedaille im Slalom bei der Juniorenweltmeisterschaft gewann. Am Ende des Jahres folgte auch die erste Weltcup-Platzierung auf dem Podest als Dritte im Slalom von Semmering. In der Saison 2011/12 fuhr sie in zwei Weltcups unter die ersten Zehn, wobei sie als vierte von Lienz ihr zweites Podest knapp verfehlte. Gute Ergebnisse unter die Top Zehn führten zu ihrer Nominierung für die Olympischen Spiele 2010 und den Weltmeisterschaften 2011. Große Erfolge blieben jedoch aus. 2011 wurde Christina Geiger Deutsche Slalom-Meisterin. Christina Geiger, die immer wieder durch ihren ästhetischen Fahrstil und feine Technik bestach, war es leider dennoch nicht vergönnt, einen Sieg im Weltcup zu erreichen. Ein zweites Podest dann im Februar 2019 bei einem Parallelslalom in Stockholm. Überraschend um so mehr dann am 15. März 2019 der Rücktritt vom Leistungssport von Christina, dessen Grund die Erwartung ihres ersten Babys ist.

Slalom

Event	Datum	Event - Ort	Platz 1	Platz 2	Platz 3
WC	12.2010	Semmering	Schild	Riesch	Geiger
WC-PSL	02.2019	Stockholm	Shiffrin	Geiger	Larsson

Lena Dürr

04. August 1991 in München –

Die Tochter des in den 80er Jahren Aktiven Peter Dürr hatte im Februar 2008 ihren ersten Einsatz in einem Weltcup-Rennen. Der Slalom von Zagreb endete für sie allerdings mit einer Enttäuschung, denn als Vorletzte des ersten Durchgangs durfte Lena Dürr zum zweiten Lauf nicht mehr antreten. Die Saison 2008/09 beendete sie mit Rennen im Europacup. Im März 2009 wurde Dürr als 17-jährige überraschend Deutsche Meisterin im Abfahrtslauf. International war dann die Silbermedaille bei der Junioren-Weltmeisterschaft in Chamonix 2010 das Top-Ergebnis für Lena. Drei Deutsche Meistertitel in der Abfahrt, dem Su-G wie in der Kombination von 2012 sahen in dieser Zeit eine starke souveräne Lena Dürr. Die gute Form unterstrich sie dann auch 2013 im Parallelslalom des City-Events von Moskau, den sie im Finale, mit ihrem erst Sieg im Weltcup abschloss. Weiter auf der Erfolgsspur war sie dann auch bei den Weltmeisterschaften in Schladming durch den Gewinn einer Bronze-Medaille mit der Mannschaft im Team. 2016 gewann sie Titel Nr. 5 und 6 bei den Deutschen Titelkämpfen im Riesenslalom und Slalom. Nur im Weltcup und den Events bei den Weltmeisterschaften 2011, 2013, 2015 fehlen Lena bisher die spektakulären Ergebnisse auf einem Podium. Aber in der Saison 2020/21 zeigte sich Lena Dürr stärker, was ihre Slalom-Ergebnisse von Are mit Platz vier und fünf, ihre besten im Weltcup bisher belegen. Der Start in die Saison 2021/22 gelang mit den ersten WC-Podestplätzen in Levi prächtig. Auch die neue Skisaison beginnt prächtig mit einem 2. und 3. Rang im Slalom von Levi. Das Saisonende 1923/24 schließt Lena Dürr als Slalomgesammt-Zweite im Weltcup ab.

Slalom

Event	Datum	Event - Ort	Platz 1	Platz 2	Platz 3
WC/PSL	12.2013	Moskau	**Dürr**	Zuzulova	Shiffrin
WC	11.2021	Levi	Vlhova	Shiffrin	**Dürr**
WC	11.2021	Levi	Vlhova	Shiffrin	**Dürr**
WC	01.2022	Schladming	Shiffrin	Vlhova	**Dürr**
WC	03.2022	Meribell	Slokar	**Dürr**	Vlhova

Lena Dürr

Slalom

Event	Datum	Event – Ort	Platz 1	Platz 2	Platz 3
WC	12.2022	Semmering	Shiffrin	Moltzan	Dürr
WC	01.2023	Flachau	Vlhova	Shiffrin	Dürr
WC	01.2023	Spindlermühle	Shiffrin	Dürr	Holdener
WC	01.2023	Spindlermühle	Dürr	Shiffrin	Liutic
WM	02.2023	Meribell	St. Germain	Shiffrin	Dürr
WC	11.2023	Levi	Vlhova	Dürr	Liensberger
WC	11.2023	Levi	Shiffrin	Popovic	Dürr
WC	12.2023	Lienz	Shiffrin	Dürr	Gisin
WC	01.2024	Kransia Gora	Vlhova	Dürr	Hurt

Kira Weidle

24. Februar 1996 in Stuttgart-

Mit zwei Jahren stand sie erstmals auf den Skiern. Im Alter von vier Jahren zog Kira Weidle mit der Familie nach Nordrheinwestfalen, um im Jahr darauf nach Starnberg umzusiedeln. Im Oberstdorfer Ski-Gymnasium macht sie ihr Abitur. Schwerpunkte ihres Sports liegen in den schnellen Disziplinen Abfahrt und Su-G. Schon bei den Junioren-Weltmeisterschaften 2017 in Are deutete sie ihr großes Potenzial an und sicherte sich dort die Bronzemedaille in der Abfahrt. Das erste Rennen im Weltcup bestritt Kira Weidle in Altenmarkt-Zauchensee. Die Saison 2018/19 zeitigte spürbare Steigerungen, als sie jeweils mit 3. Plätzen auf dem Podest abschloss. Der absoluter Hammer dann an einem Datum, das man sich merken sollte. Kira Weidle sichert sich eine Silbermedaille nach grandiosem Rennen in der Abfahrt der Weltmeisterschaft von Cortina d Ampezzo am 13. Februar 2021. Wenig später bestätigt Kira das Ergebnis der WM mit einem dritten Rang des Su-G in Val di Fassa. Mit ihren jungen 25 Jahren ist von Kira Weidle für den Deutschen Ski Verband noch einiges zu erwarten.

Abfahrtslauf

Event	Datum	Event - Ort	Platz 1	Platz 2	Platz 3
WC	11.2018	Lake Louise	Schmidhofer	Gisis	**Weidle**
WC	01.2019	Garmisch-P.	Venier	Goggia	**Weidle**
WM	02.2021	Cortina d`Amp.	Suter	**Weidle**	Gut-Behrami
WC	02.2021	Val di Fassa	Gut-Behrami	Suter	**Weidle**
WC	01.2022	Zauchensee	Gut-Behrami	**Weidle**	Siebenhofer
WC	12.2022	St Moritz	Goggia	Stuhec	**Weidle**
WC	01.2023	Cortina d`Amp.	Goggia	Stuhec	**Weidle**

Herren

Abfahrtslauf

Slalom

Riesenslalom

Su-G

Kombination

**100 Jahre
Alpiner Skirennsport in Deutschland**

Karl Neuner

16. Januar 1902 in Garmisch-Partenkirchen – 20. März 1949 ebenda

Die Brüder Karl und Martin Neuner aus Garmisch-Partenkirchen waren von Hause aus Nordische Kombinierer. Karl Neuner unterstrich diese Tatsache mit dem Gewinn des Deutschen Meistertitels im Jahr 1924. Zweimal wurde er Vize-Meister in den Jahren 1926 und 1927. Sein Bruder Martin hatte den Titel 1926 gewinnen könnten, also ein Doppelsieg des Brüderpaares Neuner. Aber Bruder Karl war auch ein ausgezeichneter alpiner Läufer auf den Brettern, und so sorgte er für eine ausgesprochene Sensation, als Karl Neuner im Januar 1929 in St. Anton am Arlberg den Kandahar-Slalom und auch den Titel in der Kombination für sich entschied. Karl Neuner ist 1949, fünf Jahre nach seinem Bruder Martin im Alter von nur 47 Jahren verstorben.

Garmisch-Partenkirchen hat im Jahr 1949 in Erinnerung an die beiden so früh verstorbenen Söhne ihrer Stadt einen Platz nach ihnen benannt.

Slalom

Event	Datum	Event - Ort	Platz 1	Platz 2	Platz 3
FIS-R/AKH	01.1929	St. Anton	**Neuner**	Schuler	Gurel

Kombination

Event	Datum	Event – Ort	Platz 1	Platz 2	Platz 3
FIS-R/AKH	01.1929	St. Anton	**Neuner**	Schuler	Fritz

Anton „Toni" Bader

(Lebensdaten nicht bekannt)

Von Anton Bader, auch kurz Toni genannt, einen Skirennläufer aus den frühen 30 er-Jahren, konnte ich keine persönlichen Daten und auch keine Lebensumstände ermitteln. Nur soviel konnte ich erfahren, das Bader aus dem Ort Partenkirchen kam und err bei den Österreichischen Skimeisterschaften am 19. Februar 1933 mit Roman Wörndle und Julius Böhler in Kitzbühel an den Start ging. Hier war er im Slalom siegreich. In der alpinen Kombination, bestehend aus Abfahrtslauf und dem Slalom belegte er den dritten Platz. Zweimal stand Bader bei den Abfahrten von der Zugspitze 1932 und auch 1933 auf dem " Stockerl ".

Abfahrtslauf

Event	Datum	Event - Ort	Platz 1	Platz 2	Platz 3
FIS-R/ZPC	03.1932	Zugspitz	Prager	**Bader**	Schindl
FIS-R/ZPC	04.1933	Zugspitz	Stoll	**Bader**	Kneissl
FIS-R/6TS	01.1935	Sestriere	Gasperl	Pfeiffer	**Bader**

Slalom

Event	Datum	Event - Ort	Platz 1	Platz 2	Platz 3
FIS-R/ÖSM	02.1933	Kitzbühel	**Bader**	Zingerle	Engl
FIS-R/WSW	01.1938	Garmisch-P.	**Bader** +	Pertsch	Schwabl

Kombination

Event	Datum	Event - Ort	Platz 1	Platz 2	Platz 3
FIS-R/ÖSM	02.1933	Kitzbühel	Engl	Zingerle	**Bader**

Franz „Bi Dui" Pfnür

21. November 1908 in Berchtestgaden/Au - 21. September 1996 in ebend

Man nannte ihn immer „Bi Dui", wenn Franz Pfnür nach einem Zieldurchlauf beim Slalom in seiner bayrischen Mundart fragte: Bin ich durch?, das heißt (korrekt durch die Tore). Franz Pfnür war der erste deutsche Olympiasieger in einer alpinen Disziplin, die ab den Winterspielen von 1936 in Garmisch- Partenkirchen mit Medaillen bedacht wurde. Allerdings gab es auch nur die Medaillen für die Kombination, bestehend aus dem Abfahrtslauf und einem Slalom. Im Abfahrtslauf zweiter hinter dem Norweger Birger Ruud, entschied Franz Pfnür einen Tag später den Slalom für sich und wurde Olympiasieger. Pfnür wurde darauf hin die zweifelhafte „Ehre" zuteil beim „Führer" Adolf Hitler auf den Obersalzberg zum Kaffee eingeladen zu werden. Sicher hat man Franz Pfnür dort überredet und überzeugt in die SS einzutreten, der Überredung der er später auch folgte.

Noch im selben Jahr seines Olympiasieges wurde Pfnür Deutscher Meister in der alpinen Kombination. Bereits zwei Jahre vorher 1934 bei der WM in St. Moritz hatte er im Slalom Gold und jeweils Silber im Abfahrtslauf und in der Kombination gewonnen. Weitere gute Auftritte hatte Franz Pfnür auch bei den Österreichischen Skimeisterschaften in Innsbruck 1937, als er zusammen mit Rudi Cranz, Roman Wörndle und „Guzzi" Gustav Lantschner in Abfahrt, Slalom und Kombination auf dem Podest stand. Bis ins hohe Alter sah man Franz Pfnür auf den Skiern stehen. „ Seine Ersten hatte er sich als Jugendlicher selbst aus Weißbuche geschnitzt und geformt ", wie er oft auf Fragen lange nach seiner Karriere lachend bejahte.

Franz „Bi Dui" Pfnür

Abfahrtslauf

Event	Datum	Event - Ort	Platz 1	Platz 2	Platz 3
FIS-R/WM	02.1934	St. Motitz	Zogg	**Pfnür**	v. Allmen
OLS	02.1936	Garmisch-P.	Rud	**Pfnür**	G.Lantschner
FIS-R/ÖSM	02.1937	Innsbruck	Wörndle	Cranz	**Pfnür**

Slalom

Event	Datum	Event - Ort	Platz 1	Platz 2	Platz 3
FIS-R/WM	02.1934	St. Moritz	**Pfnür**	Zogg	Steuri
OLS	02.1936	Garmisch-P.	**Pfnür**	G. Lantschner	Allais
FIS-R/ÖSM	02.1937	Innsbruck	Cranz	**Pfnür**	G.Lantschner

Kombination

Event	Datum	Event - Ort	Platz 1	Platz 2	Platz 3
FIS-R/WM	02.1934	St. Moritz	Zogg	**Pfnür**	v. Allmen
OLS	02.1936	Garmisch-P.	**Pfnür**	G.Lantschner	Allais
FIS-R/ÖSM	02.1937	Innsbruck	Cranz	**Pfnür**	G.Lantscher

Friedl Däuber
05. Januar 1911 in Berchtesgaden – 01. Mai 1997 in ebenda

Friedl Däuber war neben seiner Profession eines Alpinen Rennläufers auch ein sehr guter Skilangläufer im Spektrum des Nordischen Sports. Das zeigten auch seine Ergebnisse bei den internationalen Vergleichen in dieser Sportart.

Ein sechster Rang der Nordischen Skiweltmeisterschaften von 1933 in Innsbruck über 18 km sind vorzeigenswert. Ähnlich wie bei Karl Neuner, sein Vorgänger und Mannschaftskollegen, galt Friedl Däuber auch als Ausnahme-Talent im alpinen Umfeld. Hier waren Däubers Erfolge noch spektakulärer, speziell im Slalom wie die bei Karl Neuner. Bei den Skiweltmeisterschaften 1931 im schweizerischen Mürren, die in der frühen Phase des Alpinsports lapidar als FIS-Meisterschaften adressiert wurden, gewann Friedl Däuber im Slalom die Bronzemedaille. Im Jahr darauf in Cortina d`Ampezzo ließ er Gold folgen. Auch im Abfahrtslauf fand sich Däuber zu recht, wie sein zweiter Rang bei den Österreichischen Skimeisterschaften 1932 in Zell am See bewies.

Abfahrtslauf

Event	Datum	Event - Ort	Platz 1	Platz 2	Platz 3
FIS-R/ÖSM	02.1932	Zell am See	Zingerle	**Däuber**	Gasperl

Slalom

Event	Datum	Event - Ort	Platz 1	Platz 2	Platz 3
FIS-R/WM	02.1931	Mürren	Zogg	Seelos	**Däuber**
FIS-R/WM	02.1932	Cortina d` Amp.	**Däuber**	Furrer	Hauser
FIS-R/ÖSM	02.1932	Zell am See	Wolfgang	Hauser	**Däuber**

Kombination

Event	Datum	Event - Ort	Platz 1	Platz 2	Platz 3
FIS-R/ÖSM	02.1932	Zell am See	Zingerle	Hauser	**Däuber**

Roman Wörndle

04. Oktober1913 in Garmisch-Partenkirchen – 02. Februar 1942 Lemniza

Roman Wörndle gehörte dem Nationalkader des Deutschen Ski Verbandes an, und zählte mit zu den besten alpinen Skirennläufern der 1930er Jahre. Bei den Olympischen Winterspielen von 1936 in seinem Geburts- und Heimatort gelangen ihm mit den Rängen Fünf, Sechs und Fünf in Abfahrt, Slalom und in der Kombination sehr gute Ergebnisse. Sein für ihn persönlich wertvollstes Ergebnis gipfelte in der Bronzemedaille, die er bei der Weltmeisterschaft am 15. Februar 1937 in Chamonix im Slalom gewinnen konnte. Ganz weit vorn mit einem Sieg war Roman Wörndle beim Abfahrtslauf der Österreichischen Ski Meisterschaften in Innsbruck zwei Wochen zuvor. Als zweifacher Abfahrtserster präsentierte sich Wörndle bei der Wintersportwoche in den Jahren 1937 und 1938 von Garmisch-Partenkirchen, die Serie 1940 unterbrochen mit seinem zweiten Rang. Die Abfahrt an der Zugspitze entschied er schon 1936 für sich.

Den 2. Weltkrieg überlebte dann auch Roman Wörndle nicht. Als Unteroffizier in einem Ski-Jagdkommando der Wehrmacht kam Roman Wörndle beim Einsatz an der Ostfront Anfang 1942 ums Leben.

Roman Wörndle

Abfahrtslauf

Avent	Datum	Event - O rt	Platz 1	Platz 2	Platz 3
FIS-R/ZPC	04.1936	Zugspitz	**Wörndle**	G. Lantschner	Schöttle
FIS-R/WSW	01.1937	Garmisch-P.	**Wörndle**	H. Lantschner	Walch
FIS-R/ÖSM	02.1937	Innsbruck	**Wörndle**	R. Cranz	Pfnür
FIS-R/WSW	01.1938	Garmisch-P.	**Wörndle**	Kneissl	Gantner
FIS-R/WSW	01.1940	Garmisch-P.	Jennewein	**Wörndle**	Walch
FIS-R/3FU	02.1941	Sestriere	Jennewein	**Wörndle**	Freund

Slalom

Event	Datum	Event-Ort	Platz 1	Platz 2	Platz 3
FIS-R/WSW	01.1937	Garmisch-P.	Walch	**Wörndle**	Seelos
WM	02.1937	Chamonix	Allais	Walch	Wörndle

Kombination

Event	Datum	Event-Ort	Platz 1	Platz 2	Platz 3
FIS-R/WSW	01.1937	Garmisch-P.	**Wörndle**	Walch	R. Cranz
FIS-R/WSW	01.1938	Garmisch-P.	**Wörndle**	Schwabl	Kneissl
FIS-R/FGP	03.1938	Feldberg	**Wörndle**		

Heinz-Rudolf „Rudi" Cranz

02. September 1918 in Uccle/Belgien – 22. Juni 1941 in Rozaniec/Polen

Rudi Cranz jüngerer Bruder von Ski-Legende Christl Cranz gehörte in den 30er Jahren zur Elite der deutschen Alpinen. Zwischen 1937 und 1941 wurde Cranz viermal Deutscher Meister. Im Slalom 1939 und 1941 wie 1937 und 1941 in der Kombination. Die Österreichischen Meisterschaften 1937 in Innsbruck gerieten zum Triumph von Rudi Cranz. So gewann er im Slalom, Kombination und wurde zweiter des Abfahrtslaufes. Dazu gesellten sich seine Slalomsiege des Kandahar-Rennens in Mürren 1937 und auch am Lauberhorn in Wengen 1938. Als Zweiter der Abfahrt belegte er hier Platz Zwei der Kombinationswertung. Aber wegen des Zweiten Weltkriegs wurden die so hoffnungsvollen sportlichen Ziele und Perspektiven von Rudolf Cranz abrupt beendet. Er diente in der Wehrmacht bei den Gebirgsjägern. Am 22. Juni 1941, dem Tag des Überfalls auf Russland durch Hitler ist Rudi Cranz in Polen gefallen.

Abfahrtslauf

Event	Datum	Event - Ort	Platz 1	Platz 2	Platz 3
FIS-R/ÖSM	02.1937	Innsbruck	Wörndle	**Cranz**	Pfnür
FIS-R/LBH	01.1938	Wengen	v. Allmen	**Cranz**	Walch
FIS-R/GPP	01.1938	Megeve	**Cranz**	Walch	Pfeiffer
FIS-R/WSW	01.1941	Garmisch-P.	Pfeiffer	Jennewein	**Cranz**

Slalom

Event	Datum	Event - Ort	Platz 1	Platz 2	Platz 3
FIS-R/AKH	01.1937	Mürren	**Cranz**	Allais	Walch
FIS-R/ÖSM	02.1937	Innsbruck	**Cranz**	Pfnür	G. Lantschner
FIS-R/LBH	01.1938	Wengen	**Cranz**	Walch	v. Allmen
FIS-R/WSW	01.1939	Garmisch-P.	**Cranz**	Hansson	Pfeiffer
FIS-R/GPP	01.1939	Megeve	H. Lantschner	Walch	**Cranz**
FIS-R/TMP	02.1939	Kitzbühel	**Cranz**		
FIS-R/TMP	03.1939	St. Anton	Lantschner	**Cranz**	Matt
FIS-R/SKU	02.1940	Seefeld	Walch	**Cranz**	Haider
FIS-R/WSW	01.1941	Garmisch- P.	**Cranz**	Haider	Jennewein

Heinz-Rudolf " Rudi " Cranz

Riesenslalom

Event	Datum	Event - Ort	Platz 1	Platz 2	Platz 3
FIS-R/SKU	02.1937	Seefeld	**Cranz**	Kneissl	Seelos
FIS-R/ZPC	11.1939	Zugspitz	**Cranz**	H. Lantschner	Clausing

Kombination

Event	Datum	Event - Ort	Platz 1	Platz 2	Platz 3
FIS-R/WSW	01.1937	Garmisch-P.	Wörndle	Walch	**Cranz**
FIS-R/ÖSM	02.1937	Innsbruck	**Cranz**	Pfnür	G. Lantschner
FIS-R/LBH	01.1938	Wengen	v. Allmen	**Cranz**	Walch
FIS-R/WSW	01.1939	Garmisch-P	Hansson	**Cranz**	Pfeiffer
FIS-R/WSW	01.1941	Garmisch-P.	**Cranz**	Jennewein	Gabl

Josef "Pewo" Pertsch

29. Februar1920 in Bad Reichenhall – 18. April 1941 bei Katerini/ Griechland

Die Reichenhaller, vor allem die Jugend nannte ihn verehrend „Pewo". Josef Pertsch, ein Sohn und Idol der Stadt ist im 2. Weltkrieg 1941 in Griechenland gefallen, als ihn ein Granat- oder Bombensplitter tödlich verletzte. Anlässlich eines meinerseits geführten Telefongesprächs mit der früheren Skirennläuferin Christa Hintermaier erfuhr ich folgendes: Bis zum Ende der 60er Jahre fand jährlich um den 19. März herum, seit dem Jahr 1946 ein „Pewo Pertsch-Gedächtnis-Lauf" statt, beginnend hoch oben am Predigtstuhl. Und das der Pewo Pertsch ein ganz „Wilder Hund" gewesen sein muss. Im Alter von eben erst 16 Jahren wurde Pertsch für die Olympia-Mannschaft der Spiele von 1936 in Garmisch-Partenkirchen berufen. Mit jungen Achtzehn Lenzen stellte sich schnell sein erster internationaler Rennerfolg ein. Im piemontesischen Sestriere konnte er in 1938 den traditionellen Drei Bergbahnen, früheren Königspokal als Jugendlicher gewinnen, bei dem er im Abfahrtslauf den späteren Olympiasieger, Weltmeister und hohen Favoriten Zeno Colo auf dessen Heimatkurs schlagen konnte. Sehr große Hoffnungen setzte der Deutsche Ski Verband auf Josef Pertsch`s künftige Perspektiven, als dieser sich im Jahr 1939 beim Slalomsieg seines Teamkollegen „Pepi" Jennewein am Lauberhorn in Wengen den 3. Platz sichern konnte. Der Krieg und sein früher Tod in Griechenland zerstörten mehr, wie die Träume des Verbandes und seiner Änhänger von künftigen alpinen Ski-Erfolgen. Josef Pertsch war bereits das vierte Opfer des Zweiten Weltkrieges aus der ersten Reihe der Deutschen Ski-Nationalmannschaft.

Josef "Pewo" Pertsch

Abfahrtslauf

Event	Datum	Event - Ort	Platz 1	Plart 2	Platz 3
FIS-R/3FU	03.1938	Sestriere	Agnel	**Pertsch**	H.Lantschner
FIS-R/3FU	03.1938	Sestriere	**Pertsch**	Seigneur	Agnel
FIS-R/3FU	03.1939	Sestriere	Marcelin	Berg	**Pertsch**

Slalom

Event	Datum	Event-Ort	Platz 1	Platz 2	Platz 3
FIS-R/WSW	01.1938	Garmisch-P.	**Pertsch**	Bader	Schwabl
FIS-R/LBH	01.1939	Wengen	Jennewein	Walch	**Pertsch**

Kombination

Event	Datum	Event - Ort	Platz 1	Platz 2	Platz 3
FIS-R/3FU	03.1938	Sestriere	**Pertsch**	H. Lantschner	Agnel

Josef „Sepp" Folger

16. Februar 1922 in Bruckmühl/Mangfall – 13. März 2013 in ebenda

Kurze Zeit nach dem 2. Weltkrieg gehörte Josef Folger zu den ersten seiner Zunft in Deutschland, die nach dem Zusammenbruch des Nazi Reiches den alpinen Skisport wieder auferstehen ließen. „Sepp" Folgers bevorzugte Disziplin und Stärke zeigte er vorallem im Slalom, wie auch die Ergebnisse belegen. Das Jahr 1950 ist sein erfolgreichstes geworden. Dreimal stand er in dem Jahr auf dem Podium von sehr bedeutenden Rennen. Zweimal als Sieger und einmal auf Rang Zwei. Für ihn und die Historie aber bleibt sein Slalomsieg beim Hahnenkamm-Rennen in Kitzbühel am bedeutsamsten. Er ist der erste Deutsche Hahnenkamm-Sieger. Josef Folgers erster Sieg wird aber bei der Wintersportwoche in Garmisch-Partenkirchen erzielt, als er hier den Slalom auf der Kandaharpiste gewinnt. Sein drittes Podest folgte bald bei den „Tre-Rennen" von Monte Bondone in der Provinz Trentino. Das historisch und traditionelle Renn-Event in Italien wird heuer, seit dem Jahr 1957 in Madonna di Campiglio durchgeführt.

Der am 13. März 2013 verstorbene Josef Folger war verheiratet, und die Familie hat zweier Kinder und drei Enkelkinder. Nähere Informationen über Josef „Sepp" Folger erfuhr der Autor telefonisch 2016 durch Frau Christl Folger, seiner hoch betagten Gattin.

Slalom

Event	Datum	Event - Ort	Platz 1	Platz 2	Platz 3
FIS-R/A	01.1950	Garmisch-P.	**Folger**		
FIS-R/HAK	03.1950	Kitzbühel	**Folger**	Huber	Zauner
FIS-R/3CO	02.1950	Mte. Bondone	Colo	**Folger**	Nogler

Benedikt „Beni" Obermüller

11. April 1930 in Rottach–Egern – 10. Mai 2005 in ebenda

Wie „Pewo" Pertsch und „Sepp" Folger gehörte auch „Beni" Obermüller von Anfang bis zur Mitte der 50er-Jahre zu Deutschlands besten Slalomfahrern.

Bei der Alpinen Weltmeisterschaft 1954 in Are/Schweden erlebte Benedikt „Beni" Obermüller den Höhepunkt in seiner Karriere. Er gewinnt die Silbermedaille im Slalom hinter Weltmeister Stein Eriksen aus Norwegen. Sie bedeutete die erste Medaille für den deutschen Skisport nach Ende des Krieges 1945. Bereits zwei Jahre zuvor bei der Wintersportwoche 1952 in Garmisch-Partenkirchen hatte Beni Obermüller durch seinen Slalom-Sieg für Aufsehen gesorgt. Und im Jahre 1953 gelang ihm mit Rang Zwei des Slaloms in Wengen am Lauberhorn abermals der Sprung aufs Podest. Weitere Podeste folgten in Zermatt, Arosa, Seefeld und Val Gardena. Die Teilnahme an den Olympische Winterspielen 1956 in Cortina d`Ampezzo beendete Obermüller noch einmal mit einem TOP Zehn-Ergebnis als Neunter im Slalom. In Narvik bei den Polarlichtrennen gelang ihm noch einmal im Slalom der Sprung aufs Podest.

Nach seiner Rennkarriere war Benedikt Obermüller im Ski-Marketing tätig.

Slalom

Event	Datum	Event - Ort	Platz 1	Platz 2	Platz 3
FIS-R/WSW	01.1952	Garmisch-P.	**Obermüller**	Hillbrand	Haider
FIS-R/LBH	01.1953	Wengen	Molterer	**Obermüller**	Perret
FIS-R/OFC	03.1953	Zermatt	**Obermüller**	Hinterseer	Schneider
WM	02.1954	Are	Eriksen	**Obermüller**	Spiess
FIS-R/SKU	03.1954	Seefeld	Schneider	Sailer	**Obermüller**
FIS-R/WSW	02.1957	Garmisch-P.	Molterer	Hinterseer	**Obermüller**
FIS-R/PLC	03.1958	Narvik	Schranz	Leitner	**Obermüller**

Benedikt "Beni" Obermüller

Riesenslalom

Event	Datum	Event - Ort	Platz 1	Platz 2	Platz 3
FIS-R/3GR	03.1952	Arosa	Molterer	Salvenmoser	Obermüller
FIS-R/3GR	03.1954	Arosa	Obermüller	Behr	Schneider
FIS-R/3GR	03.1954	Arosa	Molterer	Obermüller	Schneider
FIS-R/3CO	01.1955	Val Gardena	Pasquier	Obermüller	Alberti
FIS-R/3GR	03.1957	Arosa	Zimmermann	Hillbrand	Obermüller
FIS-R/3GR	03.1957	Arosa	Hillbrand	Obermüller	Zimmermann
FIS-R/3GR	03.1957	Arosa	Zimmermann	Obermüller	P. Schenk
FIS-R/3GR	03.1958	Arosa	Stiegler	Staub	Obermüller
FIS-R/ZPC	11.1958	Zugspitz	Obermüller	Behr	Zimmermann

Kombination

Event	Datum	Event - Ort	Platz 1	Platz 2	Platz 3
FIS-R/DWB	02.1957	St. Moritz	Staub	Hillbrand	Obermüller
FIS-R/3GR	03.1957	Arosa	Zimmermann	Hillbrand	Obermüller

Sepp Behr

20. Februar 1931 in Sonthofen – 11. Juli 2023 in ebenda

Sepp Behr war die Eleganz und ein Meister zwischen den Slalomstangen. Slalom und Riesenslalom waren sein Wohnzimmer. In Deutschland war er in den Jahren von 1954 bis 1962 nahezu konkurrenzlos geworden, seit dem Beni Obermüller die alpine Bühne verlassen hatte. Seine Tochter Pamela Behr machte es dem Vater später nach, um gleichfalls sieben Meistertitel im Slalom zu erreichen. Sehr stolz war Papa Behr, als die Tochter bei der Weltmeisterschaft 1978 in Garmisch-Partenkirchen die Silbermedaille im Slalom für Deutschland gewann, einen Erfolg den Sepp Behr für sich nie habe verwirklichen können. Seine einzige internationale Platzierung als die Nr. 1 in einem Rennenkonnte Sepp Behr bei den Adelbodner Skitagen im Januar 1959 mit seinem Slalomsieg am Chuenisbärgli feiern. Aber bereits zuvor gelangen Sepp Behr respecktable Erfolge in Garmisch, Kitzbühel, St. Moritz, Arosa und auch Kranjska Gora mit Resultaten auf dem Treppchen.

Slalom

Event	Datum	Event - Ort	Platz 1	Platz 2	Platz 3
FIS-R/AKH	03.1954	Garmisch–P.	Pravda	**Behr**	Bozon
FIS-R/HAK	01.1956	Kitzbühel	Sailer	J. Rieder	**Behr**
FIS-R/DWB	02.1957	St. Moritz	Hillbrand	**Behr**	Staub
FIS-R/ICC	01.1959	Adelboden	**Behr**	Werner	Nenning

Riesenslalom

Event	Datum	Event - Ort	Platz 1	Platz 2	Platz 3
FIS-R/3GR	03.1953	Arosa	Molterer	Forrer	**Behr**
FIS-R/3GR	03.1953	Arosa	Molterer	Gamma	**Behr**
FIS-R/3GR	03.1954	Arosa	Schneider	Perret	**Behr**
FIS-R/3GR	03.1954	Arosa	Obermüller	**Behr**	Schneider
FIS-R/ZPC	11.1958	Zugspitz	Obermüller	**Behr**	Zimmermann
FIS-R/VIC	03.1961	Kraniska Gora	Stiegler	**Behr**	Gärtner

Kombination

Event	Datum	Event - Ort	Platz 1	Platz 2	Platz 3
FIS-R/3GR	03.1953	Arosa	Molterer	Forrer	**Behr**
FIS-R/3GR	03.1954	Arosa	Schneider	Molterer	**Behr**

Karl Schweighofer

(Lebensdaten nicht bekannt)

Nur die Ergebnislisten der Arosa-Berggipfel-Rennen vom 20. bis 22. Januar 1950 geben Auskunft von der Existenz von Karl Schweighofer, der bei den Rennen für den DSV und Deutschland in den frühen Nachkriegsjahren dieser Tage dreimal auf dem Siegerpodest in den Abfahrtsläufen und der Kombination stehen konnte.

Wie schon angesprochen, sind auch im Internet keine Details und Lebensdaten zu ermitteln gewesen.

Abfahrtslauf

Event	Datum	Event - Ort	Platz 1	Platz 2	Platz 3
FIS-R/3GR	01.1950	Arosa	Gamma	**Schweighofer**	Brückner
FIS-R/3GR	01.1950	Arosa	Gamma	**Schweighofer**	Bläsi
FIS-R/3GR	01.1950	Arosa	Bläsi	Gamma	**Schweighofer**

Kombination

Event	Datum	Event - Ort	Platz 1	Platz 2	Platz 3
FIS-R/3GR	01.1950	Arosa	Gamma	**Schweighofer**	Bläsi

Karl Zillibiller

03. September 1933 in Hindelang -

Das Jahr 1955 war Karl Zillibillers erfolgreichtest Jahr, denn im März des Jahres wurde er Gesamt-Zweiter bei den Berggipfel-Rennen von Arosa, mit einem Sieg, einem zweiten und vierten Platz in 3 Riesenslaloms. Zudem wurde er in Deutscher Meister in der gleichen Disziplin, dem Riesenslalom in Berchtesgaden.

Diese Erfolge trugen dazu bei, Karl Zillibiller für die Olympischen Spiele 1956 in Cortina d`Ampezzo zu nominieren. Dort belegte er Platz 19 in der Abfahrt und den 25.Rang im Slalom. - Nach Beendigung seiner Karriere im Skirennsport gilt seine grosse Liebe dem Golfsport, dem er bis Heute treu ist und aktiv betreibt.

Riesenslalom

Event	Datum	Event - Ort	Platz 1	Platz 2	Platz 3
FIS-R/3GR	03.1955	Arosa	**Zillibiller**	Fellav	Faessler
FIS-R/3GR	03.1955	Arosa	Forrer	**Zillibiller**	Alt

Kombination

Event	Datum	Event - Ort	Platz 1	Platz 2	Platz 3
FIS-R/3GR	03.1955	Arosa	Forrer	**Zillibiller**	Faessler

157

Hans-Peter Lanig

07. Dezember 1935 in Hindelang/Allgäu – 22. Jannuar 2022 in ebenda

In den 50er Jahren, über ein Jahrzehnt gehörte Hans-Peter Lanig zu den besten Alpinen im Deutschen Ski Verband (DSV). Auch Schwester Evi zählte zur Damenski-Nationalmannschaft. Seine Erfolge erzielte Lanig in erster Linie im Abfahrtslauf, aber auch bei den Rennen im Riesenslalom fühlte er sich wohl. Lanig wurde 7-facher Deutscher Meister. 1954, 1955 und 1959 in der Abfahrt, 1955 im Slalom, im Riesenslalom im Jahre 1956 und 1960, wie in der Kombination 1959. Von seinen internationalen Ergebnissen ragen die beiden Medaillen der Olympischen Spiele von Squaw Valley 1960 in den USA heraus. Silber in der Abfahrt hinter dem Franzosen Jean Vuarnet und die Bronzemedaille in der Kombinationswertung, die als Weltmeisterschaftsmedaille Anrechnung fand. Bereits vier Jahre zuvor hatte Lanig bei den Olympischen Winterspielen von Cortina d`Ampezzo 1956 von sich Reden gemacht, denn die Ränge Fünf und Sieben im Abfahrtslauf und Riesenslalom waren respektabel. So gelangen ihm noch im selben Jahr jeweils dritte Plätze bei den Abfahrten von Saalfelden und Sestriere. Wiederholt bewies Lanig seine Weltklasse mit den dritten Rängen im Kandahar-Abfahrtslauf von Garmisch-Partenkirchen 1959 wie 1960 im Riesenslalom bei den Hahnenkamm-Rennen von Kitzbühel. In den USA konnte sich Hans-Peter Lanig zum Karriereende in Stove bei den US-Meisterschaften und in Sun Valley im Harryman Cup nochmals mit dem Platz 2 auf dem Podest verabschieden.

Nach dem Gewinn der beiden Medaillen in Squaw Valley blieb Lanig länger in den USA, um in einigen namhaften Hotels anschließend zu praktizieren. Nach seiner Rückkehr übernahm Lanig von 1962 bis 1966 das Traineramt im Ski-Nationalkader. Nach vier Jahren im Amt arrangierte er sich am Oberjoch im Cafe seiner Eltern und baute es in der Folge zu einem Sporthotel aus.

Für seine Verdienste um den Alpinen Skisport wurde Hans-Peter Lanig 1960 das „Silberne Lorbeerblatt" vom Bundespräsidenten Heinrich Lübke verliehen.

Hans-Peter Lanig

Abfahrtslauf

Event	Datum	Event - Ort	Platz 1	Platz 2	Platz 3
FIS-R/3PR	02.1956	Saalfelden			Lanig
FIS-R/AKH	03.1956	Sestriere	Morterer	Forrer	Lanig
FIS-R/CDO	04.1956	Cervinia	Oberaigner	Bonlieu +	Lanig
FIS-R/CDO	04.1956	Cervinia	Oberaigner	Lanig	Forrer
FIS-R/AKH	02.1959	Garmisch-P.	Schranz	Staub	Lanig
OLS/WM	02.1960	Squaw Valley	Vuarnet	Lanig	Perillat
FIS-R/IAM	03.1960	Stowe	Perilatt	Lanig	Duvillard
FIS-R/HMC	03.1961	Sun Valley	Werner	Lanig	Ferries

Riesenslalom

Event	Datum	Event - Ort	Platz 1	Platz 2	Platz 3
FIS-R/HAK	01.1960	Kitzbühel	Schranz	Lanig	Wagnerberger

Kombination

Event	Datum	Event - Ort	Platz 1	Platz 2	Platz 3
FIS-R/CDO	04.1956	Cervinia	Oberaigner	Lanig	Bonlieu
WM	02.1960	Squaw Valley	Perillat	Bozon	Lanig

Fritz Wagnerberger
14. Juni 1937 in Traunstein – 23. März 2010 in ebenda

Fritz Wagnerberger gewann in den Jahren von 1956 bis 1964 fünf Deutsche Meistertitel, deren drei im Abfahrtslauf und zwei im Riesenslalom. Und auch bei einigen internationalen Entscheidungen lag er ganz vorn. So siegte er im Januar 1959 anlässlich der Adelbodner Skitage im Riesenslalom, um zwei Jahre später an gleicher Stelle am Chuenisbärgli den Slalom zu gewinnen. Im selben Jahr noch gelang Wagnerberger ein Riesencoup in Mürren/Schweiz, als er in der Arlberg-Kandahar Abfahrt zeitgleich mit dem Italiener Bruno Alberti das Ziel passierte. Im Jahr davor schon konnte er in Kitzbühel am Hahnenkamm überzeugen, wo er wiederum zeitgleich, diesmal nur kam der Konkurrent mit Hans-Peter Lanig aus dem eigenen Team, den zweiten Rang im Riesenslalom belegte. Zum Saisonende, im März 1960 beim Harriman Cup in Sun Valley/USA, kehrte Fritz Wagnerberger nach Deutschland mit einem weiteren zweiten Podiumsplatz zurück. Während der Karriere Wagnerbergers startete dieser bei zwei Olympischen Spielen, in Squaw Valley 1960 und in Innsbruck 1964, wie auch bei zwei Weltmeisterschaften, in Bad Gastein 1958 und Chamonix 1962.

Nach seiner Karriere im Leistungssport engagierte sich Wagnerberger tatkräftig im Deutschen Skiverband, und agierte mit Unterbrechung 19 Jahre lang, von 1970-1978 und 1994-2005 als Präsident im Deutschen Skiverband. Ein Novum in der Geschichte des Ski Verbandes. Wegen seiner Verdienste um den Skisport verlieh man Fritz Wagnerberger den Bayrischen Verdienstorden und das Bundesverdienst -Kreuz 1. Klasse.

Fritz Wagnerberger

Abfahrtslauf

Event	Datum	Event - Ort	Platz 1	Platz 1	Platz 3
FIS-R/CDO	04.1957	Cervinia	Grashammer	**Wagnerberger**	Burrini
FIS-R/CDO	04.1958	Cervinia	Schranz	Alberti	**Wagnerberger**
FIS-R/DWB	01.1959	St.Moritz	W. Bogner	Staub	**Wagnerberger**
FIS-R/AKH	01.1961	Mürren	**Wagnerberger**	Alberti	Lacroix
FIS-R/PLC	03.1963	Narvik	Bartels	Nindl	**Wagnerberger**
FIS-R/LLC	03.1963	Gällivare	Nindl	**Wagnerberger**	Grahn

Slalom

Event	Datum	Event - Ort	Platz 1	Platz 2	Platz 3
FIS-R/INC	01.1961	Adelboden	**Wagnerberger**	Gerber	Mathis
FIS-R/PLC	03.1963	Narvik	Holm	Stamos	**Wagnerberger**

Riesenslalom

Event	Datum	Event - Ort	Platz 1	Platz 2	Platz 3
FIS-R/IGO	06.1957	Grossglockner	Schranz	Gamon	**Wagnerberger**
FIS-R/CDO	04.1958	Cervinia	**Wagnerberger**	+ Leitner	Grashammer
FIS-R/INC	01.1959	Adelboden	**Wagnerberger**	Nenning	Leitner
FIS-R/DWB	01.1959	St.Moritz	Staub	**Wagnerberger**	Andeer
FIS-R/HAK	01.1960	Kitzbühel	Schranz	**Wagnerberger**	Lanig
FIS-R/INC	01.1963	Adelboden	Lacroix	**Wagnerberger**	Leitner
FIS-R/LLC	03.1963	Gällivare	Nindl	**Wagnerberger**	Viollat
FIS-R/3GR	03.1964	Arosa	Giovanoli	Gruenenfelder	**Wagnerberger**
FIS-R/GPL	03.1964	Meribel	Arpin	**Wagnerberger**	Mahlknecht

Kombination

Event	Datum	Event - Ort	Platz 1	Platz 2	Platz 3
FIS-R/CDO	04.1957	Cervinia	Zimmermann	Burrini	**Wagnerberger**
FIS-R/CDO	04.1958	Cervinia	Schranz	**Wagnerberger**	Grashammer
FIS-R/HMC	03.1960	Sun Valley	Duvillard	**Wagnerberger**	Senoner
FIS-R/PLC	03.1963	Narvik	Nindl	**Wagnerberger**	Holm

161

Ernst Scherzer

05. Oktober 1937 in Schöneck/Vogtland -

Neben Eberhard Riedel gehörte Ernst Scherzer zu den stärksten Alpinen in der ehemaligen DDR (Deutsche Demokratische Republik). 1958 gewann Ernst Scherzer im Rieseslalom den ersten seiner Elf Titel als DDR-Meister. Durch gute Leistungen in der Saison 1959/60 bei den Rennen von Adelboden, Wengen und Kitzbühel konnte Ernst Scherzer sich für eine Gesamtdeutsche Olympiamannschaft 1960 in Squaw Valley qualifizieren. Aber Scherzer wurde in keiner Disziplin der Spiele eingesetzt. Seine späteren internationalen Starts standenfür ihn im Focus, sich für Olympia 1964 in Innsbruck zu empfehlen. Ein Schritt dabei war der dritte Rang im Slalom bei den Steinbock-Rennen im Kleinwalsertal. Ernst Scherzer schaffte damit den Sprung nach Innsbruck und der 13. Rang im Slalom bedeutete seine die Olympia-Premiere. Beachtenswert zu nennen sind die Riesenslalom-Ergebnisse mit jeweils Platz Zwei 1965 und 1967 in Lanersbach und Zell am See. Im Jahre 1969 endete seine und auch Eberhard Riedels alpine Laufbahn, als die DDR-Staatsführung für den Alpinen Sport die Fördermittel ab 1969 nicht mehr genehmigte. Ab sofort waren Starts für die DDR-Aktiven im Westen nicht mehr erlaubt.

Ernst Scherzer wurde nach dem Leistungssport Trainer und Wachs-Experte für die Skispringer-Nationalmannschaft in der DDR. In Oberwiesenthal im Erzgebirge ist er heute zuhause.

Slalom

Event	Datum	Event - Ort	Platz 1	Platz 2	Platz 3
FIS-R/TMM	01.1963	Saalbach	Bartels	H.Leitner	Scherzer
FIS-R/SBR	02.1963	Kleinwalsertal	Bonlieu	Leitner	Scherzer
FIS-R/VIC	02.1964	Kransika Gora	Arpin	Digruber	Scherzer
FIS-R/LLC	03.1965	Gällivare	Leitner	A.Leitner	Scherzer
FIS-R/IAB	03.1965	Are	Leitner	Olson	Scherzer

Riesenslalom

Event	Datum	Event - Ort	Platz 1	Platz 2	Platz 3
FIS-R/A	02.1965	Lanersbach		Scherzer	
FIS-R/TMM	03.1967	Saalbach-HiG	Riedel	Scherzer	

Eberhard „Ebs" Riedel

14. Februar 1938 in Lauter/Sachsen –

Eberhard oder „Ebs" wie seine Frau und die Anhänger in der ehemaligen DDR ihn nannten, war der erste Rennläufer aus der Deutschen Demokratischen Republik, der im alpinen Umfeld des „Westens" durch größere Erfolge auffiel.

1957 wurde Eberhard Riedel in die Ski-Nationalmannschaft der Alpinen in der DDR berufen. Eberhard Riedel nahm an drei Olympische Winterspielen teil: 1960 in Squaw Valley, 1964 in Innsbruck und 1968 in Grenoble. Bei Weltmeisterschaften Startete er zweimal: 1958 in Bad Gastein wie auch 1966 in Portillio/Chile. In der Zeitspanne von 1957 bis 1968 gewann er zehn Titel bei den DDR-Meisterschaften: Vier mal im Riesenslalom und je zwei mal in Abfahrt, Slalom und Kombination. Die internationalen Ski-Rennen gewann Riedel überwiegend im Rieseslalom und in der Kombination. Die Zentren seiner Erfolge sind 1959 Zakopane, 1961 Adelboden, 1965 Mayerhofen, Maribor, wie 1967 Kranjska Gora und Saalbach-Hinterglemm. Aus Anlass senes Sieges bei den 7. Internationalen Ski- Tagen von Adelboden 1961 wurde Riedel im Jahre 2004 in den „Place of Fame" von Adelboden aufgenommen.

Nach den Olympischen Winterspielen von Grenoble 1968 wurde der Alpine Ski Sport in der DDR nicht mehr gefördert, da der als professionell angesehene Sport des „Westens" nicht ins sozialistische Bild der DDR passe. Ab diesem Zeitpunkt gab es für Riedel keine internationalen Starts mehr. Heute lebt er in Oberwiesenthal und hat mit seiner Frau Hannelore, früher gleichfalls alpine Rennläuferin, zwei gemeinsame Söhne.

Eberhard „Ebs" Riedel

Abfahrtslauf

Event	Datum	Event - Ort	Platz 1	Platz 2	Platz 3
FIS-R/CMM	02.1959	Zakopane		Riedel	
FIS-R/3PR	03.1967	Saalbach-HiG		Riedel	

Slalom

Event	Datum	Event-Ort	Platz 1	Platz 2	Platz 3
FIS-R/CMM	02.1959	Zakopane			Riedel
FIS-R/3PR	03.1967	Saalbach-HiG			Riedel

Riesenslalom

Event	Datum	Event - Ort	Platz 1	Platz 2	Platz 3
FIS-R/CMM	02.1959	Zakopane	Riedel		
FIS-R/ICC	01.1961	Adelboden	Riedel	Forrer	Pedrocelli
FIS-R/3GR	03.1963	Arosa	Gruenenfelder	Riedel	Leitner
FIS-R/ZTG	02.1965	Maverhofen	Riedel		
FIS-R	02.1965	Maribor	Riedel		
FIS-R/IAB	03.1965	Are	Bleiner	Osterried	Riedel
FIS-R/3PR	03.1967	Saalbach-HiG	Riedel	Scherzer	
FIS-R/VIC	03.1967	Kraniska Gora	Riedel	Scherzer	Stuefer

Kombination

Event	Datum	Event - Ort	Platz 1	Platz 2	Platz 3
FIS-R/CMM	02.1959	Zakopane	Riedel		
FIS-R/LLC	03.1965	Gällivare	Leitner	A.Leitner	Riedel
FIS-R/IAB	03.1965	Are	Olson	Leitner	Riedel
FIS-R/3PR	03.1967	Saalbach-HiG	Riedel		

Ludwig „Luggi" Leitner
24. Februar 1940 in Mittelberg/Kleinwalsertal - 21. März 2013 in ebenda

Ludwig Leitner, beim Vornamen fast immer nur Luggi gerufen, war einer der in der Öffentlichkeit bekanntesten Skiläufer in den 60er-Jahren; nicht nur in Deutschland, auch international. Sein Ansehen natürlich gewachsen mit den Erfolgen in der Karriere. Schon im Alter von zwei Jahren stand der Sohn einer Bergbauernfamilie auf seinen Skiern. Mit seinen erst siebzehn Jahren, nahm Leitner schon an den Skiweltmeisterschaften 1958 in Bad Gastein teil; da noch für Österreich. Kurz vor den Olympischen Spielen von Squaw Valley 1960 hatte Ludwig Leitner die deutsche Staatsbürgerschaft angenommen, und ab diesem Zeitpunkt als 19-jähriger bis zu seinem Karriere-Ende ging er für den Deutschen Ski Verband an den Start. Es war ein Glücksfall für den DSV, denn die Erfolgsliste von Luggi Leitner wurde überwältigend. Fünfzehnmal konnte er Deutscher Meister werden: 4x in Abfahrt, 4x im Slalom, 3x im Riesenslalom und 4x in der Kombination. Zweifacher Sieger der Hahnenkamm-Rennen von Kitzbühel im Slalom 1963 und der Abfahrt 1965. Zweifacher Gewinner der Kandahar-Abfahrten in Garmisch-Partenkirchen 1964 und auch 1965. Sieger in Wengen am Lauberhorn im Slalom 1964 und Slalomsieger bei den 3-Tre Rennen von Madonna di Campiglio, neben vielen anderen bedeutenden Ski Rennen, die Ludwig Leitner als erster Sieger beendete. Seine Erfolgsliste schreibt sich fort durch Weltmeisterschafts-Medaillen von Chamonix 1962 und Portillio 1966 mit jeweils Bronze und letztendlich mit der Goldmedaille in Innsbruck 1964 in der Kombination; zu jener Zeit noch nicht Bestand einer olympischen Disziplin.Für die Verdienste und Erfolge um den Alpinen Skisport für Deutschland wird 1964 Ludwig Leitner durch den Bundespräsidenten Heinrich Lübke mit der Überreichung des Silbernen Lorbeerblattes geehrt.

Im Kleinwalsertal in Mittelberg führte er mit Gattin Renate eine Hotelpension.

Ludwig Leitner ist am 21 März 2013 verstorben.

Ludwig „Luggi" Leitner

Abfahrtslauf

Event	Datum	Event - Ort	Platz 1	Platz 2	Platz 3
FIS-R/OFC	03.1959	Zermatt	Staub	Leitner	Forrer
FIS-R/OFC	03.1960	Zermatt	Leitner	Forrer	Gaiddon
FIS-R/KES	12.1960	Val d'Isere	Lacroix	Leitner	Duvillard
FIS-R/OFC	03.1962	Zermatt	Forrer	Senoner	Leitner
FIS-R/AKH	03.1963	Chamonix	Leitner	Killy	Messner
FIS-R/CDO	04.1963	Cervinia	Leitner	Fill	Alberti
FIS-R/3CO	02.1965	Val Gardena	Leitner	Zandegiacomo	Killy
FIS-R/HAK	01.1965	Kitzbühel	Leitner	Favre	Mahlknecht
FIS-R/EAC	01.1965	Megeve	Leitner	Killy	Messner
FIS-R/HKP	03.1965	Narvik	Leitner	A.Leitner	Bleiner
FIS-R/LLC	03.1965	Gällivare	Leitner	Mussner	A.Leitner

Ludwig " Luggi " Leitner

Slalom

Event	Datum	Event - Ort	Platz 1	Platz 2	Platz 3
FIS-R/NSL	02.1955	Bad Wiessee	**Leitner**	Zimmermann	Hennrich
FIS-R/KES	12.1957	Val d`Isere	Perillat	Duvillard	**Leitner**
FIS-R/HKW	03.1958	Narvik	Schranz	H.Leitner	**Leitner**
FIS-R/DWB	01.1959	St. Moritz	H. Leitner	Gramshammer	**Leitner**
FIS-R/NSL	02.1959	Bad Wiessee	**Leitner**	Schranz	Molterer
FIS-R/AKH	02.1959	Garmisch-P.	Bonlieu	**Leitner**	Hinterseer
FIS-R/OFC	03.1959	Zermatt	Schneider	Bonlieu	**Leitner**
FIS-R/ICC	01.1960	Adelboden	**Leitner**	Pedroncelli	Alberti
FIS-R/3FU	04.1960	Sestriere	H. Leitner	**Leitner**	Bonlieu
FIS-R/KES	12.1960	Val d`Isere	**Leitner**	H. Leitner	Bogner
FIS-R/NSL	01.1961	Bad Wiessee	**Leitner**	H.Leitner	Nenning
FIS-R/HAK	01.1961	Kitzbühel	Nenning	Perillat	**Leitner**
FIS-R/KES	12.1961	Val d`Isere	Duvillard	**Leitner**	Bonlieu
FIS-R/OFC	03.1962	Zermatt	Perillat	**Leitner**	Mathis
FIS-R/OFC	03.1962	Zermatt	Forrer	Senoner	**Leitner**
FIS-R/HAK	01.1963	Kitzbühel	**Leitner**	Perillat	Bonlieu
FIS-R/NSL	02.1963	Bad Wiessee	H.Leitner	**Leitner**	Bartels
FIS-R/TRE	02.1963	Mad. di Camp.	Pedroncelli	**Leitner**	Senoner
FIS-R/SBR	02.1963	Kleinwalsertal	Bonlieu	**Leitner**	Scherzer
FIS-R/OFC	03.1963	Zermatt	Perillat	**Leitner**	Mathis
FIS-R/AKH	03.1963	Chamonix	Bonlieu	Perillat	**Leitner**
FIS-R/SFR	04.1963	Hindelang	Bonlieu	**Leitner**	Perillat
FIS-R/LBH	01.1964	Wengen	**Leitner**	H.Leitner	Schranz
FIS-R/GPL	03.1964	Meribell	Arpin	Stamos	**Leitner**
FIS-R/AKH	01.1965	St. Anton	Nenning	Killy	**Leitner**
FIS-R/VIC	02.1966	Kraniska Gora	Perillat	Schranz	**Leitner**

Ludwig „Luggi" Leitner

Slalom

Event	Datum	Event - Ort	Platz 1	Platz 2	Platz 3
FIS-R/SBR	02.1965	Kleinwalsertal	Melquiond	Grahn	**Leitner**
FIS-R/LLC	03.1965	Gällivare	**Leitner**	A.Leitner	Scherzer
FIS-R/IAB	03.1965	Are	**Leitner**	Olson	Scherzer
FIS-R/HOK	03.1965	Narvik	**Leitner**	Holm	Lindström
FIS-R/TRE	02.1966	Mad. Di Camp.	**Leitner**	Mioen	Bogner
FIS-R/VIC	02.1966	Kraniska Gora	Perillat	Schranz	**Leitner**
FIS-R/AKH	03.1966	Mürren	Killy	Huber	**Leitner**

Ludwig " Luggi " Leitner

Riesenslalom

Event	Datum	Event - Ort	Platz 1	Platz 2	Platz 3
FIS-R/3GR	03.1958	Arosa	Staub	Stiegler	**Leitner**
FIS-R/ICC	01.1959	Adelboden	Wagnerberger	Nenning	**Leitner**
FIS-R/3GR	03.1959	Arosa	Bonlieu	**Leitner**	Schneider
FIS-R/ICC	01.1960	Adelboden	**Leitner**	Pedroncelli	Staub
FIS-R/3GR	03.1960	Arosa	Staub	**Leitner**	Prupbacher
FIS-R/3GR	03.1960	Arosa	Staub	Prupbacher	**Leitner**
FIS-R/SBR	01.1962	Kleinwalsertal	**Leitner**	Nenning	Stiegler
FIS-R/A	03.1962	Sierra Nevada	**Leitner**		
FIS-R/ICC	01.1963	Adelboden	Lacroix	Wagnerberger	**Leitner**
FIS-R/SBR	02.1963	Kleinwalsertal	**Leitner**	Nenning	Stiegler
FIS-R/3GR	03.1963	Arosa	Gruenenfelder	Riedel	**Leitner**
FIS-R/3GR	03.1963	Arosa	**Leitner**	Gruenenfelder	Messner
FIS-R/SFR	04.1963	Hindelang	Burger	Senoner	**Leitner**
FIS-R/CDO	04.1963	Cervinia	Senoner	**Leitner**	Alberti
FIS-R/LBH	01.1964	Wengen	Zimmermann	Schranz	**Leitner**
FIS-R/LLC	03.1965	Gällivare	Ekstam	**Leitner**	Bleiner
FIS-R/HOK	03.1965	Narvik	Mussner	**Leitner**	Lindström
FIS-R/SFR	04.1965	Hindelang	Prinzing	**Leitner**	A.Leitner
FIS-R/VWT	08.1965	Portillio	**Leitner**		
FIS-R/TRE	02.1966	Mad. Di Camp.	Messner	**Leitner**	Mahlknecht

Ludwig „Luggi" Leitner

Kombination

Event	Datum	Event – Ort	Platz 1	Platz 2	Platz 3
FIS-R/HKW	03.1958	Narvik	Schranz	H.Leitner	Leitner
FIS-R/OFC	03.1959	Zermatt	Staub	Leitner	Bonlieu
FIS-R/3FU	04.1960	Sestriere	Duvillard	Leitner	Bonlieu
FIS-R/KES	12.1960	Val d`Isere	Leitner	Zimmermann	Bozon
FIS-R/KES	12.1961	Val d`Isere	Duvillard	Arpin	Leitner
WM	02.1962	Chamonix	Schranz	Nenning	Leitner
FIS-R/AKH	03.1963	Chamonix	Bonlieu	Perillat	Leitner
FIS-R/OFC	03.1963	Zermatt	Perillat	Leitner	Lacroix
FIS-R/CDO	04.1963	Cervinia	Mahlknecht	Senoner	Leitner
FIS-R/LBH	01.1964	Wengen	Nenning	Leitner	Arpin
WM	02.1964	Innsbruck	Leitner	Nenning	Kidd
FIS-R/HAK	01.1965	Kitzbühel	Killy	Leitner	Schranz
FIS-R/AKH	01.1965	St. Anton	Nenning	Schranz	Leitner
FIS-R/ALP	02.1965	Davos	Leitner	Nindl	Lacroix
FIS-R/3CO	02.1965	Val Gardena	Leitner	Nindl	Lacroix
FIS-R/A	03.1965	Levi	Leitner		
FIS-R/HOK	03.1965	Narvik	Leitner	A.Leitner	Mahlknecht
FIS-R/IAB	03.1965	Are	Olson	Leitner	Riedel
FIS-R/VMT	08.1965	Portillio	Leitner		
FIS-R/TRE	02.1966	Mad. Di Camp.	Messner	Mahlknecht	Leitner
WM	08.1966	Portillio	Killy	Lacroix	Leitner

Wolfgang Bartels

14. Juli 1940 in Bischofswiesen – 06. Februar 2007 in Ramsau/Berchtesgaden

Zusammen mit Luggi Leitner aus dem Kleinwalsertal prägte Wolfgang Bartel die deutsche Szene im Abfahrtslauf bis in die Mitte der 60er-Jahre. So konnte sich Bartel zwischen 1962 und 1964 über drei deutsche Titel in Abfahrt (2) und Slalom freuen. Seinen spektakulärsten und gleichzeitig internationalen Coup gelang ihm mit der Bronzemedaille im Abfahrtslauf der Olympischen Spiele 1964 in Innsbruck, einer Medaille mit Doppelwirkung, da sie auch als Weltmeisterschafts-Medaille gilt und zusätzlich Strahlkraft verleiht.

Bereits in früher Jugend konnte Wolfgang Bartels sein Talent offenbaren. Zu Anfang des sechsten Jahrzehnts gelangen Bartels bei seinen internationalen Einsätzen Spitzenresultate. Den erste Sieg schafft Bartels 1962 beim „Kriterium des ersten Schnee" in Val d`Isere in einem Riesenslalom. Es folgten weitere Sieg-Rennen mit den Abfahrtsläufen der 3-Tre-Pistenrennen von Madonna di Campiglio 1963 und 1964, wie in Saalbach mit den Erfolgen in Abfahrt und dem Slalom, oder Sestriere mit einem Abfahrtslauf um den Königspokal. Nach den Olympischen Spielen von Innsbruck verunglückte Bartels schwer mit seinem Auto. Nach seiner Genesung und dem Wiedereinstieg in die Rennserie konnte Wolfgang Bartels seine früherer Leistungsstärke nicht mehr annähernd erreichen und zog sich 1966 aus dem Leistungssport zurück. Bundespräsident Heinrich Lübke zeichnet ihn mit dem Silbernen Lorbeerblatt für die Verdienste um den alpinen Skisport aus. Als Abfahrtstrainer von 1967 bis 1976 im Deutschen Ski Verband formte er die Epple-Schwestern, aber auch Rosi Mittermaier, Michael Veith und Josef Ferstl zu Spitzenläufern von Weltformat.

Später führte er mit seiner Gattin Margit den „Wörndlhof" in Hintersee, den er von den Eltern übernommen hatte. Wolfgang Bartels starb am 06. Februar 2007 im Alter von 67 Jahren.

Wolfgang Bartels

Abfahrtslauf

Event	Datum	Event -Ort	Platz 1	Platz 2	Platz 3
FIS-R/CIC	01.1962	Cortina d`Amp.	Schranz	**Bartels**	Perrot
FIS-R/3FU	03.1962	Sestriere	Schranz	Zimmermann	**Bartels**
FIS-R/TMM	01.1963	Saalbach	**Bartels**	Messner	Nenning
FIS-R/HAK	01.1963	Kitzbühel	Zimmermann	Nindl	**Bartels**
FIS-R/TRE	02.1963	Mad. Di Camp.	**Bartels**	Lacroix	Senoner
FIS-R/PLC	03.1963	Narvik	**Bartels**	Nindl	Wagnerberger
FIS-R/TRE	01.1964	Mad. Di Camp.	**Bartels**	Zimmermann	Schranz
OLS/WM	01.1964	Innsbruck	Zimmermann	Lacroix	**Bartels**
FIS-R/3FU	02.1964	Sestriere	**Bartels**	Messner	Orsi

Slalom

Event	Datum	Event - Ort	Platz 1	Platz 2	Platz 3
FIS-R/3FU	03.1962	Sestriere	Zimmermann	**Bartels**	Schranz
FIS-R/TMM	01.1963	Saalbach	**Bartels**	H. Leitner	Scherzer
FIS-R/NSL	02.1963	Bad Wiessee	H.Leitner	Leitner	**Bartels**

Riesenslalom

Event	Datum	Event - Ort	Platz 1	Platz 2	Platz 3
FIS-R/KES	12.1962	Val di Isere	**Bartels**	Grünenfelder	Frank

Kombination

Event	Datum	Event – Ort	Platz 1	Platz 2	Platz 3
FIS-R/OFC	02.1962	Zermatt	Zimmermann	Lacroix	**Bartels**
FIS-R/3FU	03.1962	Sestriere	Schranz	Zimmermann	**Bartels**
FIS-R/HAK	01.1963	Kitzbühel	Zimmermann	**Bartels**	Lacroix
FIS-R/LLC	03.1963	Gällivare	Nindl	Stamos	**Bartels**
FIS-R/TRE	01.1964	Mad. Di Camp.	Schranz	Giovanoli	**Bartels**

Wilhelm „Willy" Bogner

23. Januar 1942 in München –

Wilhelm nur immer kürzer „Willy" gerufen hatt viele Talente. Sein Talent und die Begeisterung in den jungen Jahren seines Lebens setzte er für den alpinen Skisport ein. Im Alter von gerade mal siebzehn gewann Willy Bogner sein erstes Rennen, dem ein Jahr später der legendäre Abfahrtssieg in Wengen am Lauberhorn folgte. Bei den Olympischen Spielen 1960 von Squaw Valley und denen von Innsbruck 1964 immer als heißer Medaillen-Kandidat gehandelt, konnte Willy Bogner die in ihn gesetzten Erwartungen leider nicht ganz erfüllen. Das gleiche galt für die Weltmeisterschaften 1962 in Chamonix und 1966 in Portillio in Chile, wo er mit Rang vier im Slalom und Platz fünf in der Kombination seine besten Ergebnisse erreichte. Im Jahre 1962 wurde Bogner im Slalom wie auch in der Kombination Studentenweltmeister. Den dritten größeren Sieg realisierte Willy Bogner im März 1962 in Arosa in einer Abfahrt, dem er bei den 3-Tre-Rennen 1964 in Madonna di Campiglio den vierten Abfahrtserfolg folgen ließ. Ein dritter Rang im Slalom in Madonna Di Campiglio 1966 sollte sein letzte Podest auf internationaler Bühne sein. Nicht vergessen sollen die Deutschen Meistertitel sein, die Willy Bogner in einer Abfahrt und je zweimal im Slalom und Kombination in der Zeit von 1960 bis 1966 gewann.

Als Filmemacher machte sich Willy Bogner im Metier des weißen Sports nach der Laufbahn im Leistungssport ebenfalls einen Namen. So wirkte er u. a. als Kamera-Mann in James Bond-Filmen mit. Für diese Arbeiten und den Film „Feuer und Eis" erhielt Bogner 1986 den Bambi-Filmpreis verliehen.

In trauriger Erinnerung für alle Beteiligten wird der 12. April 1964 bleiben, als bei Bogners Aufnahmen für seinen Dokumentarfilm „Skifascination" bei St. Moritz vierzehn Skirennläufer der Weltklasse von einem Lawinenabbruch erfasst und begraben wurden. Willy Bogners damalige Lebensgefährtin, Rennläuferin Barbara Henneberger und der Amerikaner Wallace „Buddy" Werner kamen dabei ums Leben. - Als Nachfolger seines Vaters baute Willy Bogner in München ein kleines aber feines Mode-Imperium auf. Seit 1972 ist Bogner mit dem brasilianischen Model Sonia Ribeiro verheiratetn einer Schwester der Schauspielerin Florinda Bolkan. Das Ehepaar adoptierte zwei Kinder aus Brasilien.

Wilhelm „Willy" Bogner

Abfahrtslauf

Event	Datum	Event – Ort	Platz 1	Platz 2	Platz 3
FIS-R/DWB	01.1959	St. Moritz	**Bogner**	Staub	Wagnerberger
FIS-R/LBH	01.1960	Wengen	**Bogner**	H. Leitner	Stiegler
FIS-R/AKH	08.1963	Portofillio	**Bogner**	Wagnerberger	Vaughn
FIS-R/TRE	02.1964	Mad. Di Camp.	**Bogner**	Schranz +	Minsch

Slalom

Event	Datum	Event - Ort	Platz 1	Platz 2	Platz 3
FIS-R/HAK	01.1960	Kitzbühel	Duvillard	Stiegler	**Bogner**
FIS-R/KES	01.1960	Val di Isere	L.Leitner	H. Leitner	**Bogner**
FIS-R/TRE	01.1966	Mad. Di Camp.	L.Leitner	Mioen	**Bogner**

Riesenslalom

Event	Datum	Event - Ort	Platz 1	Platz 2	Platz 3
FIS-R/3GR	03.1962	Arosa	**Bogner +**	Schranz	Nindl

Kombination

Event	Datum	Event – Ort	Platz 1	Platz 2	Platz 3
FIS-R/LBH	01.1960	Wengen	Stiegler	**Bogner**	H. Leitner

Ergänzend:

Bei der Überarbeitung von vorliegendem Buch sind zwei weitere Aktive des Deutschen Ski Verbandes zu nennen, welche für Deutschland Platzierungen auf dem Podest erstritten hatten. Die da wären: Karl-Heinz Fässler, Peter Schenk, Adi Osterried und Benno Frank.

Karl-Heinz Faessler

Riesenslalom

Event	Datum	Event - Ort	Platz 1	Platz 2	Platz 3
FIS-R/3GR	03.1955	Arosa	Zillibiller	Fellav	Faessler

Kombination

Event	Datum	Event - Ort	Platz 1	Platz 2	Platz 3
FIS-R/3GR	03.1955	Arosa	Forrer	Zillibiller	Faessler

Peter Schenk

Riesenslalom

Event	Datum	Event - Ort	Platz 1	Platz 2	Platz 3
FIS-R/3GR	03.1957	Arosa	Zimmermann	Obermüller	Schenk

Benno Frank

Slalom

Event	Datum	Event - Ort	Platz 1	Platz 2	Platz 3
FIS-R/KES	12.1962	Val d'Isere	Bonlieu	Mathis	Frank

Adi Osterried

Slalom

Event	Datum	Event -Ort	Platz 1	Platz 2	Platz 3
FIS-R/3GR	03.1964	Arosa	Grünenfelder	Osterried	Tischhauser
FIS-R/IAB	03.1965	Are	Bleiner	Osterried	Riedel

Josef „Sepp" Heckelmiller

05. November 1943 in Hindelang/Oberallgäu –

Josef „Sepp" Heckelmiller wurde vom Deutschen Ski Verband für Olympia 1968 in Grenoble wie auch im Jahr 1972 in Sapporo nominiert, ebenso wie er auch an an zwei Weltmeisterschaften 1970 in Gröden und 1974 in St. Moritz teilnahm. Seine ersten Weltcup-Punkte sicherte er sich im März 1968 in Meribel mit einem sehr beachtlichen 5. Platz im Riesenslalom, seiner starken Disziplin. Erstmals aufs Podium sprang Sepp Heckelmiller in Madonna Di Campiglio im Januar 1969, als er beim überraschenden deutschen Doppelsieg des Riesenslaloms hinter Gerhard Prinzing, aber vor Benkt-Erik Grahn/Schweden den zweiten Platz belegt. Dieses Rennen zählte zu den so genannten FIS-A-Rennen, die dem 1967 von der FIS geschaffenen Weltcup noch nicht zuzurechnen waren. Alle Podestplätze später erzielte Heckmiller ausschließlich im Riesenslalom. In vier weiteren Weltcup-Rennen aber gelang es ihm in Adelboden, Are, Banff und Haevenly Valley Weltcup-Plätze auf dem Podium zu erreichen. Den Platz ganz oben auf dem Podest in der Mitte bliebt ihm aber verwehrt, sieht man vom Titel der Deutschen Meisterschaft im Riesenslalom 1974 ab. Nach den Weltmeisterschaften 1974 in St. Moritz sagte Sepp Heckelmiller der Rennsportkarriere „Ade". Er betätigte sich danach als Leiter einer Skischule und führt heute ein Hotel am Oberjoch, auf Deutschlands höchst gelegenem Dorf.

Abfahrtslauf

Event	Datum	Event - Ort	Platz 1	Platz 2	Platz 3
FIS-R/LLC	03.1966	Gällivare	Rohr	Mahlknecht	Heckelmiller

Riesenslalom

Event	Datum	Event - Ort	Platz 1	Platz 2	Platz 3
FIS-R/TRE	01.1969	Mad. Di Camp.	Prinzing	Heckelmiller	Grahn
WC	01.1970	Adelboden	Schranz	Heckelmiller	Gionanoli
WC	02.1971	Haevenly Valley	Thöni	Duvillard	Heckelmiller
WC	03.1971	Are	Zwilling	Heckelmiller	Russel
WC	02.1972	Banff	Haker	Heckemiller	Schmalzl
FIS-R/SIP	04.1972	Ischgl	Heckelmiller	Berchtold	Zwilling
FIS-R/SIP	04.1972	Ischgl	Berchtold	Tritscher	Heckelmiller

Gerhard Prinzing

22. April 1943 in Rettenberg/Oberallgäu – 13. Oktober 2018 in Sonthofen

Gerhard Prinzing, dessen Schwester Christa Prinzing ebenfalls eine Rennläuferin im deutschen Ski-Nationalteam war, begann seinen Einstieg ins internationale Renngeschehen im Jahre 1961. Gerhard Prinzing war 1966 Teilnehmer bei der Weltmeisterschaft von Portillio in den chilenischen Anden. Für diese WM empfahl er sich im März 1966 im italienischen Cervinia mit einem Sieg im Abfahrtslauf ein drücklich. Lief es in den Anden mit den Platzierungen von 33 und 37 in Abfahrt und Riesenslalom garnicht optimal, um so mehr überzeugte Gerhard Prinzing bei den Olympischen Spielen von Grenoble 1968 im Abfahrtslauf mit Rang 5. Auch hervorzuheben der Sieg im Riesenslalom 1969 in Madonna Di Campiglio vor seinem Mannschaftsgefährten Sepp Heckelmiller, dessen Ergebnisse auch aus logistisch-organisatorischen Gründen noch keinen Eingang in die Weltcupwertung fanden. Der Sieg im Riesenslalom bescherte Prinzing auch den Erfolg in der Kombination des 3-Tre Comuni-Pistenrennens. Einmal konnte Gerhard Prinzing den Titel eines Deutschen Meisters der Kombination gewinnen, während er sich im Laufe der Karriere siebenmal mit der Vizemeisterschaft in den anderen Disziplinen zufrieden geben musste. - 1971 zieht sich Prinzing vom Leistungssport zurück. Im Skigebiet seiner Heimat unterhält er Skiliftanlagen mit einer Skischule. Gerhard Prinzing ist am 13. Oktober 2018 nach längerer Krankheit in Sonthofen verstorben.

Gerhard Prinzing

Abfahrtslauf

Event	Datum	Event - O rt	Platz 1	Platz 2	Platz 3
FIS-R/CDO	03.1966	Cervinia	**Prinzing**	Vachet	Vogler

Riesenslalom

Event	Datum	Event-Ort	Platz 1	Platz 2	Platz 3
FIS-R/SFR	04.1965	Hindelang	**Prinzing**	Leitner	A. Leitner
FIS-R/**3GR**	03.1966	Arosa	Augert	Prinzing	Nenning
FIS-R/TRE	01.1969	Mad. Di Camp.	**Prinzing**	Heckelmiller	Grahn

Kombination

Event	Datum	Event-Ort	Platz 1	Platz 2	Platz 3
FIS-R/TRE	01.1969	Mad. Di Camp.	**Prinzing**	Grahn	Riedel

Franz Vogler

15. August 1944 in Oberstdorf –

Franz Vogler feierte als 21-Jähriger seinen größten und überraschendsten Erfolg mit der Bronzemedaille im Abfahrtslauf bei der Weltmeisterschaft 1966 in Portillio/Chile. Er war kein Favorit, startete nicht in der ersten Start- Gruppe, sondern weit hinten mit der Start- Nr. 23 und war vom Verband für die WM gar nicht nominiert worden. Erst die Flugkostenübernahme durch seine Fans und seinen Heimatort ermöglichten den Start. Zwei Jahre später bei Olympia 1968 von Grenoble und den Spielen 1972 in Sapporo konnte Franz Vogler seinen Erfolg der jungen Jahre vorerst nicht bestätigen. Bei der WM 1970 wurde er als einer der Mitfavoriten durch einen Sturz im Training mit tiefer Schnittverletzung am linken Knie ausgebremst. In seiner doch relativ kurzen Karriere und die in Rennen später erzielten Podestplätze, gewinnt Franz Vogler ausschließlich im Abfahrtslauf. Sieben Podiumsplätze neben seinem einzigen Weltcup-Erfolg in Crystal Mountain, zwei zweiten Rängen in Kitzbühel und Megeve wie fünf Ränge auf Platz Drei, zeugten von Franz Voglers speziellen Anlagen im Abfahrtslauf.

Nach der Saison 1971/72 zog sich Vogler vom Leistungssport zurück und fand als Architekt in Oslo/Norwegen und dann später in seinem Geburtsort Oberstdorf seine berufliche Profession.

Abfahrtslauf

Event	Datum	Event - Ort	Platz 1	Platz 2	Platz 3
FIS-R/CDO	03.1966	Cervinia	Prinzing	Vachet	Vogler
WM	08.1966	Portillio	Killv	Lacroix	Vogler
WC	01.1967	Kitzbühel	Killv	Vogler	Messner
WC	01.1967	Megeve	Killv	Rohr	Vogler
WC	02.1969	St. Anton	Schranz	Messner	Vogler
WC	01.1970	Garmisch-P.	Schranz	Cordin	Vogler
WC	02.1971	Megeve	Russi	Vogler	Dätwvler
WC	02.1972	Crvstal Mountain	Vogler	Russi	Dätwvler

Max Rieger

10. Juli 1946 in Mittenwald –

Max Rieger war 1969 Deutscher Slalom-Meister wie auch zwei Jahre später Deutscher Meister im Riesenslalom und in der Kombination. Er war für den Deutschen Skiverband als Starter bei Olympische Spielen 1968 in Grenoble und 1972 in Sapporo, wie auch an den Weltmeisterschaften 1970 in Gröden/Südtirol und auch in St. Moritz 1974 nominiert. Bestes Resultat wurde sein 6. Platz im Riesenslalom bei Olympia in Sapporo. Bei der Weltmeisterschaft 1970 in Gröden imponierte Rieger mit den Rängen 4. im Riesenslalom und in der Kombination. Die Stärke von Max Rieger war der Riesenslalom, mit dem er auch seinen einzigen Sieg im Weltcup in Mount Sainte-Anne 1973 realisieren konnte. Noch drei weitere Erfolge mit den Rängen Zwei und Drei in Berchtesgaden 1971 und 1972, wie Rang Drei 1969 in der Kombination von Madonna Di Campiglio bei den 3-Tre Comuni- Rennen. - 1975 beendet Max Rieger den Leistungssport. Danach betrieb Rieger in Ellmau und Mittenwald eine Skischule.

Slalom

Event	Datum	Event - Ort	Platz 1	Platz 2	Platz 3
FIS-R	12.1970	Sestriere			**Rieger**
WC	01.1971	Berchtesgaden	Augert	Messner	**Rieger**
WC	01.1972	Berchestgaden	Duvillard	**Rieger**	Bachleda

Riesenslalom

Event	Datum	Event - Ort	Platz 1	Platz 2	Platz 3
WC	03.1973	Mt Sainte-Anne	**Rieger**	Hinterseer	Klammer

Kombination

Event	Datum	Event - Ort	Platz 1	Platz 2	Platz 3
FIS-R/TRE	01.1969	Mad. Di Camp.	Prinzing	Grahn	**Rieger**

Hansjörg Schlager

20. August 1948 in Langenau – 10. März 2004 in Titisee-Neustadt

Von Ende der 60er Jahre bis zur Mitte der 70er gehörte Hansjörg Schlager dem Ski-Nationalteam an. Zusammen mit Christian Neureuther war einer der stärksten Slalomfahrer im Team. Im Laufe seiner kurzen Karriere erzielte er insgesamt Neun Top Ten-Ergebnisse in Slalom und Kombination im Weltcup. Einmal gelang ihm der Sprung aufs Podest 1974 im Slalom von Garmisch-Partenkirchen.

Aus seiner Sicht die unbefriedigenden Resultate bei der WM 1970 und bei den Olympischen Spielen 1972 in Sapporo wie seine Nichtnominierung für die Spiele in Innsbruck 1976 veranlaßten Schlager den Skirennsport 1976 zu beenden.

Slalom

Event	Datum	Event - Ort	Platz 1	Platz 2	Platz 3
WC	01.1974	Garrmisch-P.	Neureuther	Thöni	**Schlager**

Peter Fischer

25. Februar 1954 in Oberstdorf -

Peter Fischer gewann seine ersten Weltcup-Punkte im amerikanischen Jackson Hole als zweitbester Deutscher nach Michael Veith auf Rang 8.

In der Saison 1976/77 gelangen Fischer 7 Platzierungen unter den Top Ten. Aber die besten Ergebnisse erreichte er bei zwei Abfahrtsrennen in Haevenly Valley mit Platz 3 und 4. Nach der Alpinen Ski-WM 1978 sagte Fischer dem Rennsport Ade!

Abfahrtslauf

Event	Datum	Event - Ort	Platz 1	Platz 2	Platz 3
WC	03.1977	Haevenly Valley	Gensbichler	Winkler	**Fischer**

Christian Neureuther

28. April 1949 in Garmisch-Partenkirchen -

In erster Linie war er ein Spezialist des Slaloms, denn Christian Neureuthers Erfolge fußen auf dieser technisch so anspruchsvollen Disziplin. Schon mit jungen 19 Jahren gewann Neureuther den ersten von insgesamt zwölf Titeln bei den deutschen Meisterschaften. Im Slalom kam er zwischen 1974 und 1978 fünfmal in Serie zu Titelehren. Sein Start in den Weltcup ist anfangs weniger überzeugend, denn oft in aussichtsreicher Position in den Rennen liegend, stürzte er oder schied wegen Einfädelns zwischen den Slalomstangen aus. Dies hatte sicherlich nicht zu seinem Selbstvertrauen beigetragen, das man ihn ironisch-lästerlich-bedauerlich in den Medien den „Sturzreuther" titulierte. Aber Christian Neureuther biss sich durch, und nach der noch erfolglosen Olympiasaison 1972/73 gewann er am 14. Januar 1973 den Slalom von Wengen am Lauberhorn. Sein erstes Ausrufezeichen! Nur eine Woche später folgte der Slalomsieg in Megeve. Aber die Olympischen Winterspiele von 1976 waren für Neureuther als ein Mitfavorit wieder mehr eine Enttäuschung, trotz eines 5. Platzes im Slalom. Auch 1980 in Lace Placid, zerstob der Traum von einer Medaille bei Olympia. Aber bei den großen renommierten Weltcup-Rennen, wie das am Lauberhorn in Wengen, das Christian Neureuther 1974 wiederholt für sich entscheiden konnte, wie auch den Slalom in Garmisch-Partenkirchen im selben Jahr, da zeigte er seine großen Fähigkeiten. Schließlich im Jahre 1979, die Krönung seiner Weltcup-Karriere in Kitzbühel mit dem Slalomsieg am Hahnenkamm, der auch sein letzter Sieg blieb. Christian Neureuther konnte 21 Podeste im Weltcup vorweisen, 7x als Sieger, 6x als Zweitplatzierter und 8x als Dritter. Eine sehenswerte Bilanz! - Im Februar 1981 beendet Christian Neureuther den Leistungssport. Seit 1980 ist Neureuther mit der zweifachen Olympiasiegerin von Innsbruck 1976 Rosi Mittermaier verheiratet. Zwei gemeinsame Kinder Ameli und Felix gehören zur Familie. Sohn Felix tritt in große Fußstapfen von Mutter und Vater, und war bis 2019 aktiv.

Christian Neureuther

Slalom

Event	Datum	Event – Ort	Platz 1	Platz 2	Platz 3
WC	01.1971	Megeve	Augert	Thöni	**Neureuther**
WC	02.1971	Haevenly Valley	Thöni	**Neureuther**	Palmer
WC	12.1972	Mad. Di Camp.	Gros	Thöni	**Neureuther**
WC	02.1973	Wengen	**Neureuther**	Tresch	Perrot
WC	01.1973	Megeve	**Neureuther**	Thöni	Tresch
WC	02.1973	St. Anton	Thöni	**Neureuther**	Duvillard
WC	03.1973	Mt Saint Anne	Thöni	Pegorari	**Neureuther**
WC	03.1973	Naeba	Augert	**Neureuther**	Pegorari
WC	12.1973	Sterzing	Gros	Kniewasser	**Neureuther**
WC	01.1974	Garmisch-P.	**Neureuther**	Thöni	Schlager
WC	01.1974	Wengen	**Neureuther**	Radici	Zwilling
WC	02.1975	Naeba	Hinterseer	Stenmark	**Neureuther**
WC	01.1976	Wengen	Stenmark	Gros	**Neureuther**
WC	03.1977	Voss	Stenmark	Gros	**Neureuther**
WC	12.1978	Mad. Di Camp.	Donnet	Lüscher	**Neureuther**
WC	01.1979	Crans Montana	**Neureuther**	Popangelow	Troier
WC	01.1979	Kitzbühel	**Neureuther**	Stenmark	Mahre
WC	03.1979	Furano	Stenmark	**Neureuther**	Frommelt
WC	01.1980	Kitzbühel	Wenzler	**Neureuther**	Luhty
WC	02.1980	Waterv. Valley	Stenmark	**Neureuther**	Heidegger

Kombination

Event	Datum	Event - Ort	Platz 1	Platz 2	Platz 3
FIS-R/TRE	12.1978	Mad. Di Camp.	**Neureuther**	Donnet	Krizai

Josef „Sepp" Ferstl

06. April 1954 in Ruhpolding –

Im Jahr 1974 als 20-jähriger fand Josef Ferstl Aufnahme in den A-Kader der Ski-Nationalmannschaft. Sepp Ferstl`s erstes Podium zu besetzen gelang ihm am 22. Januar 1977 mit dem selbst ihn überraschenden zweiten Platz im Abfahrtslauf am Lauberhorn von Wengen. Als Dritter in der Kombination erhöhte er noch einmal das Konto seiner in Wengen ersten gewonnen Weltcuppunkte. Den Sieg in der Kombination gelang Sepp Festl dann im Februar des selben Jahres beim Arlberg-Kandahar-Rennen von Laax und St. Anton. Als Abfahrt-Zweiter in Laax und eine Platzierung im Slalom von St. Anton gelang ihm dieser Coup. Zweifellos waren die Höhepunkte von Josef Ferstl seine Abfahrtserfolge 1978 und 1979 bei den Hahnenkamm-Rennen in Kitzbühel auf der „Streif". Ein weiteres Top-Ergebnis in der Karriere erzielt Ferstl bei der WM in Garmisch-Partenkirchen von 1978 mit der Silbermedaille für die Kombination. Zwei Deutsche Meistertitel 1976 in der Abfahrt und 1977 im Riesenslalom sind zu erwähnen. - Nach einer langwährenden Verletzung trat Josef Ferstl kurz vor Beginn der Saison 1981/82 vom Leistungssport zurück. Inzwischen hat sein talentierter Sohn, auch Josef benannt, die Nachfolge des Vaters im alpinen Rennsport angetreten.

Abfahrtslauf

Event	Datum	Event - Ort	Platz 1	Platz 2	Platz 3
WC	01.1977	Wengen	Klammer	**Ferstl**	Russi
WC	02.1977	Laax	Klammer	**Ferstl**	Russi
WC	01.1978	Kitzbühel	**Ferstl +**	Walcher	Veith
WC	01.1979	Kitzbühel	**Ferstl**	Wirnsberger	Spieß

Kombination

Event	Datum	Event - Ort	Platz 1	Platz 2	Platz 3
WC	01.1977	Wengen	Tresch	Thöni	**Ferstl**
WC	02.1977	St.Anton	**Ferstl**	Lüscher	Klammer
WM	02.1978	Garmisch-P.	Wenzel	**Ferstl**	Patterson

Michael Veith

20. Januar 1957 in Tegernsee –

In den 70er- und 80er-Jahren bildete Michael Veith mit Sepp Ferstl das starke deutsche Abfahrtsduo im Skinational-Team. Mit jungen 17 Lenzen startete er bereits bei der Weltmeisterschaft 1974 in St. Moritz und wurde 21. in der Abfahrt. Die ersten Punkte im Weltcup kann Veith sich Ende des Jahren in Val`Isere mit dem überraschenden dritten Rang in der Abfahrt, seinem ersten Podest, holen. Nur den Österreichern Klammer und Grissmann musste er den Vortritt lassen. Im März 1975 bei den Weltcup-Rennen in den USA wird Veith Zweiter im Abfahrtslauf von Jackson Hole hinter Franz Klammer und vor dem Schweizer Rene´ Berthod. Zwei Monate zuvor war Veith Junioren- Europameister vor Leonhardt Stock/Österreich geworden. Ansonsten konnte Michael Veith in der Saison 1975/76 und bei den Olympischen Spielen von Innsbruck nicht ganz überzeugen. Erst bei den Rennen in 1977/78 lief es wieder viel besser, konnte er doch mit den dritten Rängen von Kitzbühel und Les Houches das Podium besetzen. Sein größter Erfolg in seiner Karriere gipfelte aber für Michael bei der Weltmeisterschaft 1978 in Garmisch-Partenkirchen mit dem Gewinn der Silbermedaille auf der Kandahar-Abfahrts-Piste, und bei gerade mal nur 7/100 sek. hinter dem Österreicher Josef Walcher. Die nachfolgenden vier Jahre aber blieben für Michael Veith ohne nennenswerte Ergebnisse, sieht man von zwei TOP-Zehn Rängen in Abfahrtsläufen ab. Weder bei den Olympischen Spielen 1980 in Lake Placid, noch bei den Weltmeisterschaften 1982 in Schladming fand Michael Veith zur Stärke der früheren Jahre zurück.

Nach Ende der Saison 1982/83 gab Michael Veith den Rücktritt innerhalb des Weltcups bekannt. Später gründet Veith ein Sportmarketing-Unternehmen.

Abfahrtslauf

Event	Datum	Event - Ort	Platz 1	Platz 2	Platz 3
WC	12.1974	Val d`Isere	Klammer	Grissmann	**Veith**
WC	03.1975	Jackson Hole	Klammer	**Veith**	Berthod
WC	01.1978	Kitzbühel	Ferstl +	Walcher	**Veith**
WM	01.1978	Garmisch-P.	Walcher	**Veith**	Grissmann
WC	02.1978	Les Houches	Read	Murray	**Veith**

Florian Beck

07. Januar 1958 in Gunzesried/Allgäu -

Zusammen mit Frank Wörndl war Florian Beck bis zur Mitte der 8oer-Jahre unser bester Slalomfahrer im Ski-Nationalteam. In den Jahren von 1984 bis 1989 gewann er viermal den Deutschen Titel in dieser, seiner Spezialdisziplin. In seiner aktiven Karriere nahm Beck zweimal an den Olympischen Spielen Sarajewo 1984 und Calgary 1988, wie zweimal an den Weltmeisterschaften von Schladming 1982 und Bormio 1985 teil. Aus den vier Events resultierten Becks beste Ergebnisse mit Platz Acht in Calgary und Zehn in Bormio jeweils im Slalom. Nur ein einziges Mal gelang es Florian Beck ein Podest im Weltcup zu besteigen, als er im Januar 1985 in Bad Wiessee einen zweiten Platz hinter Marc Giradelli/Luxemburg, aber noch vor dem Schweden Ingemar Stenmark belegt.

Nach den Olympischen Winterspielen 1988 beendet Florian Beck die Karriere, bleibt aber dem alpinen Skisport verbunden durch seine Tätigkeit als Koordinator des Trainingszentrum Oberjoch im Allgäu. Er wohnt in seiner Geburts- und Heimatgemeinde Gunzesried, und ist verheiratet mit der Ex-Rennläuferin Marie Epple-Beck, die zwei Jahre vor ihm zurückgetreten war. Zwei gemeinsame Kinder komplettieren die Familie.

Slalom

Event	Datum	Event - Ort	Platz 1	Platz 2	Platz 3
WC	01.1985	Bad Wiessee	Giradelli	**Beck**	Stenmark

Frank Wörndl

28. Juni 1959 in Sonthofen –

Den Einstand in den Weltcup gab Frank Wörndl am 21. Dezember 1978 beim Slalom von Kranjska Gora, den er mit einem achten Platz beendete. Im Laufe der Karriere von Wörndl gelang diesem kein einziges Mal einen Platz auf dem Podium eines Weltcup-Rennens zu realisieren. Aber man musste Frank Wörndl als einen Meister für die spektakulären Großereignissen oder einen Meister von Effektivität und Rationalität bezeichnen. Wörndl wurde vom Deutschen Ski Verband für die Weltmeisterschaften 1978 in Garmisch-Partenkirchen und 1987 in Crans-Montana nominiert und ging auch bei den Olympischen Spielen 1980 wie 1988 in Lake Placid und Calgary für Deutschland an de Start. Während die Weltmeisterschaft von1978 und die Olympischen Spiele 1980 noch zu früh für Wörndl kamen, so erfüllte Wörndl 10 Jahre später bei der WM und bei den Olympischen Spielen die in ihn gesetzten Erwartungen mit den Medaillen in Gold und Silber, jeweils im Slalom. In dieser seiner Disziplin, dem Slalom sicherte sich Wörndl in der Zeit von 1979 bis 1985 vier Titel bei Deutschen Meisterschaften und einen im Riesenslalom. Nicht das gelang, auch schaffte er es, das sein Konterfei auf einer Briefmarke des Staates Paraguay erschien, wenn auch ohne sein Zutun.

Nach seinem Rücktritt vom Leistungssport sieht und hört man Wörndl zeitweise als Fachkommentator bei Funk und Fernsehen (ZDF, Eurosport). Wie eine von ihm angekündigte eventuelle Gesangskarriere verlaufen wird, bleibt abzuwarten.

Slalom

Event	Datum	Event - Ort	Platz 1	Platz 2	Platz 3
WM	02.1987	Crans-Montana	**Wörndl**	Mader	Bittner
OLS	02.1988	Calgary	Tomba	**Wörndl**	Frommelt

Josef „Sepp" Wildgruber

01. Januar 1959 in Oberaudorf –

Seine ersten Rennen im Weltcup bestritt Sepp Wildgruber im Jahr 1976. Erfolge aber blieben zunächst aus. Der frühe Tod seines Vater und Bruders zwangen ihn, den landwirtschaftlichen Hof zu übernehmen. So blieb wenig Zeit für den erforderlichen Trainingsaufwand, um TOP-Erfolge zu erzielen. Dann aber bei den Junioren-Europameisterschaften 1977 in Kranjska Gora gab Sepp Wildgruber sein erstes Ausrufezeichen von sich: Bronze im Abfahrtslauf. Bei den Olympischen Winterspielen 1984 in Sarajewo zeigte er mit dem siebten Platz im Abfahrtsrennen eine ansprechende Leistung. Die erfolgreichste Saison stand Wildgruber noch bevor. So fuhr er im japanischen Furano im März 1985 auf auf den zweiten Rang des Abfahrtslaufes, das erste mal stand er auf dem Podium für eine Siegerehrung. Eine Woche später in Aspen/USA wurde er Dritter, um im Dezember des gleichen Jahres abermals Dritter auf der Saslong Abfahrts-Piste von Gröden (St. Ullrich) durchs Ziel zu rasen. Auch wird Wildgruber in 1985 Deutscher Meister in der Abfahrt, einen Titel, den er bereits im Jahr 1982 inne hatte. Ein zehnter Platz im Abfahrtsrennen der WM in Crans-Montana 1987 ist das noch beste Ergebnis, welches er im weiteren Verlauf seiner Karriere vorweisen kann. 1988, kurz vor Olympia in Seoul verpasst Wildgruber die Nominierung durch den Verband (DSV) wegen einer Sturzverletzung mit schwerer Gehirnerschütterung.

Auch die Qualifikation zur Weltmeisterschaft 1989 in Vail/USA gelingt ihm nicht mehr, und so beendet Josef Wildgruber den Leistungssport. Heute noch wirkt er als selbstständiger Landwirt in seinem Heimatort.

Abfahrtslauf

Event	Datum	Event - O rt	Platz 1	Platz 2	Platz 3
WC	03.1985	Furano	Brooker	**Wildgruber**	Kernen
WC	03.1985	Aspen	Müller	Alpiger	**Wildgruber**
WC	12.1985	Gröden	Wirnsberger	Müller	**Wildgruber**

Peter Dürr
10. Februar 1960 in München –

Peter Dürr kommt ursprünglich aus der Szene der Windsurfer, bei der Dürr zweimal Deutscher Vizemeister wurde, und damit auch einmal Teilnehmer an den Weltmeisterschaften auf den Bahamas war. Anfang 1982 wechselt Peter Dürr zum Alpinen Skisport, für den ebenfalls Talent und gute Anlagen bei ihm zu erkennen waren. Die ersten Weltcuppunkte konnte Dürr sich im Februar 1982 in Garmisch-Partenkirchen durch seinen respektablen fünften Platz in der alpinen Kombination sicherstellen. Zweimal startete Dürr bei Olympischen Spielen, 1984 in Sarajewo und 1988 in Calgary. In Sarajewo blieb er ohne Ergebnis und bei Olympia in Calgary sind es in Abfahrt und Kombination leider nur die Ränge jenseits der Fünfzehn geworden. Vor den Spielen in Calgary hatte er noch für eine große Überraschung gesorgt, denn im Januar wird Peter Dürr Dritter in der Abfahrt auf der Planai in Schladming. Es ist die einzige, beste und auch letzte Platzierung von Peter Dürr im Rahmen des Weltcup. Sein letzte Rennen bestritt Dürr in der Saison 1988/89 in Laax, das er mit einem elften Rang im Abfahrtslauf abschloss.

Als Polizist ist Peter Dürr auch alpiner Sportwart beim Bayrischen Skiverband und ist der Vater der heute noch aktiven Rennläuferin Lena Dürr.

Abfahrtslauf

Event	Datum	Event - Ort	Platz 1	Platz 2	Platz 3
WC	01.1988	Schladming	Zurbriggen	Heinzer	**Dürr**

Peter Roth

30. Januar 1961 in Schönau a. Königssee -

Peter Roth`s bevorzugte Ambition lag bei der Disziplin des Slalom, aber auch in die Disziplin Su-G konnte man ihn schicken, wie zwei seiner Podiumsplatzierungen bestätigen. Die ersten Weltcup-Punkte wurden Peter Roth durch seinen siebten Rang 1981 in der Kombinationswertung bei den Rennen von Morzine in Frankreich angerechnet. Erstmals auf dem Podest stand Peter Roth ein Jahr später als Dritter der Kombination in Bad Wiessee. Weitere Platzierungen gelingen auf dem Podium in den Jahren 1985, 1986 und 1987 als Kombinationszweiter von Wengen und mit dritten Rängen im Su-G von Whistler und Aspen bei den Rennen in den USA. Peter Roth`s einziger Sieg im Weltcup datiert im August 1990 mit seinem Slalom-Erfolg am Mount Hutt in Neuseeland. Als Dritter des Slaloms in Kranjska Gora stand Roth letztmalig auf dem Podest im Weltcup. In seiner 15-jährigen Rennkarriere nahm Peter Roth dreimal an Olympischen Spielen teil: in Calgary 1988, Albertville 1992 und Lillehammer 1994, wie vier mal an den Weltmeisterschaften von Schladming 1982, Bormio 1985, Saalbach-Hinterglemm 1991 und Morioka 1993. Bei letzterer Weltmeisterschaft in Morioka lieferte Roth als Achter des Slaloms das bestes Ergebnis bei den Weltmeisterschaften ab. Im Slalom der Olympischen Spiele von Lillehammer lag er im ersten Durchgang auf dem dritten Rang, schied im zweiten Durchgang aber aus. Im Zeitraum der Jahre 1981 bis 1994 war Roth sechsmal Deutscher Meister: Im Abfahrtslauf und Riesenslalom je einmal und in seiner starken Disziplin, dem Slalom viermal.

Seit dem Rücktritt vom Rennsport im April 1995 arbeitet Peter Roth als Betreuer und Berater für den Deutschen Ski Verband (DSV).

Peter Roth

Slalom

Event	Datum	Event - Ort	Platz 1	Platz 2	Platz 3
WC	08.1990	Mount Hutt	**Roth**	Tritscher	Tomba
WC	12.1992	Kraniska Gora	Fogdoe	Tomba	**Roth**

Su-G

Event	Datum	Event - Ort	Platz 1	Platz 2	Platz 3
WC	03.1986	Whistler	Wasmeier	Hangl	**Roth**
WC	03.1987	Aspen	Zurbriggen	Pramatton	**Roth**

Kombination

Event	Datum	Event – Ort	Platz 1	Platz 2	Platz 3
WC	01.1982	Bad Wiessee	Mahre	Wenzel	**Roth**
WC	01.1985	Wengen	Vion	**Roth**	Lüscher

Hans Stuffer

11. April 1961 in Samerberg/Oberbayern –

1983 und 1985 ist Hans Stuffer Deutscher Meister im Riesenslalom geworden. Und am 27. Januar 1985 erreichte er erstmals einen Platz bei einem Weltcup-Rennen auf dem Podest. Als Drittem im Su-G von Garmisch-Partenkirchen weckte er beim Deutschen Skiverband und seinen Anhängern doch große Hoffnungen auf einen zweiten starken Athleten neben Markus Wasmeier in dieser Disziplin. Gut ein Jahr später folgte für Hans Stuffer ein zweiter Rang im Riesenslalom von Hemsedal in Norwegen. Die Hoffnungen bestätigen sich, schien man beim DSV anzunehmen. Aber in der Folge wurde Stuffer mehr und mehr von Verletzungen geplagt. Erst im März 1990 in Hemsedal, vier Jahre nach seinem zweiten Rang am gleichen Ort, gelang Hans Stuffer nochmals ein dritter Platz, dieses Mal im Su-G. Schon ein Jahr darauf muss Hans Stuffer seine Karriere wegen ständig auftretenden Verletzungen beenden.

Noch vor dem Zeitpunkt seiner Verletzungen hat er an den Weltmeisterschaften in Cranc-Montana 1987 und Vail 1989 in den USA teilgenommen, wobei der fünfte Rang von Crans-Montana im Riesenslalom sein respektabelstes Ergebnis bei den Weltmeisterschaften war.

Riesenslalom

Event	Datum	Event - Ort	Platz 1	Platz 2	Platz 3
WC	02.1986	Hemsedal	Stenmark	**Stuffer**	Strolz

Su-G

Event	Datum	Event - Ort	Platz 1	Platz 2	Platz 3
WC	01.1985	Garmisch-P.	Giradelli	Wenzel	**Stuffer**
WC	03.1990	Hemsedal	Zurbriggen	Alpiger	**Stuffer**

Markus "Wasi" Wasmeier

09. September 1963 in Schliersee/Oberbayern -

Markus Wasmeier, der Sohn eines Lüftlmalers und Restaurators stand schon mit zwei Jahren auf seinen Skiern, und es brauchte nicht lange, da gewann er die ersten Schüler-Rennen. Nach der Lehre als Maler und Lackierer wechselt Wasmeier 1994 zur Bundeswehr mit dem Ziel, die guten Möglichkeiten von Training für den Skisport zu nutzen. Seinen ersten Einsatz im Weltcup hatte Markus Wasmeier am 05. Februar 1983 in St. Anton, wo er 49. in der Abfahrt wird. Erstmals Weltcup-Punkte holte er dann Ende Januar 1984 in Garmisch-Partenkirchen mit Rang 10 in der Kombination. Am 11. Dezember des Jahres gelingt ihm erstmals in Sestriere mit Platz Zwei im Riesenslalom der Sprung aufs Podest. Einen der großartigen Höhepunkte in der Karriere des Markus Wasmeier bildete der überraschende Gewinn des Weltmeistertitels von Bormio im Riesenslalom im Februar 1985. Im weiteren Verlauf der Saison 1986 erreicht Wasmeier in einem Parallelslalom bei Wien den Zweiten Platz, um im Februar in Morzine seinen ersten Sieg im Weltcups im Su-G zu feiern. Dieser Erfolg wog schwer, entschied er doch auch die WC-Disziplin Su-G zu seinen Gunsten. Die neue Rennsaison 1986/87 konnte sich für Wasmeier sehen lassen. So gewann er den prestigeträchtigen Abfahrtslauf in Wengen am Lauberhorn für sich und wurde Bronzemedaillen-Gewinner im Su-G bei den Weltmeisterschaften 1987 in Crans-Montana. Ein schwerer Sturz beendet in Furano/Japan, bei dem sich Markus Wasmeier zwei Rückenwirbel brach. Aber schon im Januar 1988 siegte er in seiner Lieblingsdisziplin einem Su-G in Val d`Isere, um einen weiteren Erfolg in dieser Kategorie 1991 in Lake Louise folgen zu lassen. Dazwischen lagen die Olympischen Spiele Calgory`s 1988 und in Vail die Weltmeisterschaften 1989, bei deren Events Wasmeier als Kandidat für Medaillen aber leer ausging. Den letzten Weltcup-Sieg in der Karriere von Wasmeier erreicht dieser am 11. Januar 1992 im Abfahrtslauf von Garmisch-Partenkirchen. Legendär wurden dann aber seine Olympiasiege 1994 im Su-G und dem Riesenslalom in Lillehammer. Seine für ihn absehbar letzte Saison hatte bisher nur durchschnittliche Leistungen erbracht, und Wasmeier zählte auch nicht unbedingt zu den Medaillenanwärtern. Ihm gelingt die Sensation mit den zwei Olympiasiegen im Su-G und Riesenslalom.

Selbstverständlich prasselten viele Ehrungen auf ihn nieder: Wasmeier wurde Sportler des Jahres 1994, das Silberne Lorbeerblatt vom Bundespräsidenten , wie auch die Verleihung des Bayrischen Verdienstordens im Jahre 2007. Verdienste erwirbt sich Wasmeier auch durch Pflege Bayrischen Kulturguts für das er sich beim Aufbau eines Bauernhof/Wintersport-Museum in seinem Heimatort Schliersee einsetzt. Dem Skisport blieb Wasmeier lange Zeit treu, als Analyst, Experte oder Moderator bei großen Ski-Events, die im Fernsehen Live übertragen werden. Seit 1991 ist Markus Wasmeier mit Brigitte, einer Südtirolerin verheiratet. Sie haben drei gemeinsame Söhne.

Abfahrtslauf

Event	Datum	Event - Ort	Platz 1	Platz 2	Platz 3
WC	08.1985	Las Lenas	Alpinger	Lewis	Wasmeier
WC	12.1986	Val d`Isere	Zurbriggen	Wasmeier	M. Mair
WC	12.1986	Gröden	Boyd	M. Mair	Wasmeier
WC	01.1987	Wengen	Wasmeier	Alpinger	Heinzer
WC	01.1989	Wengen	Giradelli	Wasmeier	Mahrer
WC	01.1992	Garmisch-P.	Wasmeier	Ortlieb	Tauscher
WC	01.1992	Wengen	Heinzer	Wasmeier	Höflehner

Slalom

Event	Datum	Event - Ort	Platz 1	Platz 2	Platz 3
WC/PSL	12.1985	Wien	Edalini	Wasmeier	Steiner

Riesenslalom

Event	Datum	Event – Ort	Platz 1	Platz 2	Platz 3
WC	12.1984	Sestriere	Giradelli	Wasmeier	Julen
WM	02.1985	Bormio	Wasmeier	Zurbriggen	Giradelli
WC	01.1986	Kraniska Gora	Gaspoz	Strolz	Wasmeier
WC	12.1986	Alta Badia	Gaspoz	Pramotten	Wasmeier
WC	02.1987	Todtnau	Zurbriggen	Giradelli	Wasmeier
WC	02.1992	St. Gervais	Marksten	Tomba	Wasmeier
OLS	02.1994	Lillehammer	Wasmeier	Kaelin	C. Mayer

Markus "Wasi" Wasmeier

Su-G

Event	Datum	Event - Ort	Platz 1	Platz 2	Platz 3
WC	02.1986	Crans Montana	Müller	Zurbriggen	**Wasmeier**
WC	02.1986	Crans Monata	Giradelli	**Wasmeier**	Müller
WC	02.1986	Morzine	**Wasmeier**	Giradelli	Strolz
WC	02.1986	Hemsdal	Zurbriggen	**Wasmeier**	Stock
WC	03.1986	Whistler	**Wasmeier**	Hangl	Roth
WC	12.1986	Val d`Isere	**Wasmeier**	Erlacher	Giradelli
WC	01.1987	Garmisch-P.	**Wasmeier**	Zurbriggen	Ghidoni
WM	02.1987	Crans Montana	Zurbriggen	Giradelli	**Wasmeier**
WC	01.1988	Val d`Isere	**Wasmeier**	Piccard	Zurbriggen
WC	03.1988	Beaver Creek	Piccard	**Wasmeier**	Giradelli
WC	02.1989	Aspen	Erikson	**Wasmeier**	C. Maver
WC	03.1991	Lake Louise	**Wasmeier**	Holzer	Eberharter
OLS	02.1994	Lillehammer	**Wasmeier**	Moe	Aamodt

Kombination

Event	Datum	Event – Ort	Platz 1	Platz 2	Platz 3
WC	01.1986	Kitzbühel	Zurbriggen	Wenzel	**Wasmeier**
WM	02.1986	Morzine	**Wasmeier**	Stock	Müller
WC	02.1986	Are	Zurbriggen	**Wasmeier**	Stock
WC	01.1988	Kleinkirchheim	Strolz	**Wasmeier**	Piccard
WC	12.1988	St. Anton	Zurbriggen	**Wasmeier**	Strolz
WC	01.1989	Wengen	Giradelli	Zurbriggen	**Wasmeier**
WC	01.1990	Kitzbühel	Zurbriggen	Accola	**Wasmeier**

Armin Bittner

28. November 1964 in Krün bei Garmisch-P. –

Armin Bittner war Deutschlands bester Slalomfahrer der 80er bis zum Anfang der 90er bei über Zwölf Jahren Leistungssport. Seine ersten Rennen bestritt er als neunjähriger Knirps. Eine Karriere mit vielen großen Höhepunkten steht ihm bevor: Olympischen Spielen, drei Weltmeisterschaften, 19 Podiumsplätzen im Weltcup, davon siebenmal ganz vorn. Weitere Glanzpunkte Armin Bittners sind sein Slalomsieg 1989 beim Hahnenkamm-Rennen in Kitzbühel und die Medaillen in Bronze und Silber der Weltmeisterschaften in Crans-Montana 1987 und Vail 1989. Wer erinnert sich nicht an Bittner`s heiße Duelle mit Italiens Alberto Tomba, dem Weltbesten im Slalom im 80er Jahrzehnt. Zweimal in Folge gewann Armin Bittner den Disziplin-Weltcup im Slalom der Jahre 1989 und 1990. Fünfmal war er Deutscher Meister, dreimal im Slalom und zweimal im Riesenslalom.

Armin Bittner, Stabsunteroffizier der Bundeswehr bei den Gebirgsjägern beendet 1994 seine sehenswerte Laufbahn im Leistungssport. Heute ist er Vater zweier Kinder, die ihm seine Frau Regine, Ex-Rennläuferin Mösenlechner, geboren hat. Seit 2010 gehört Armin Bittner zum Trainer-Team des Deutschen Skiverbandes, zuständig für den Slalom und Riesenslalom des Damen-Nationalkaders.

Armin Bittner

Slalom

Event	Datum	Event – Ort	Platz 1	Platz 2	Platz 3
WC	12.1986	Hinterstoder	**Bittner**	Krizai	Tötsch
WC	01.1987	Kitzbühel	Krizai	Berthold	**Bittner**
WM	12.1987	Crans-Montana	Woerndl	Mader	**Bittner**
WC	02.1987	Markstein	Stenmark	**Bittner**	Mader
WC	03.1988	Saalbach	Frommelt	**Bittner**	Strolz
WC	12.1988	Kraniska Gora	Giradelli	**Bittner**	Tomba
WC	12.1988	St. Anton	**Bittner**	Gstrein	Zurbriggen
WC	01.1989	Kitzbühel	**Bittner**	Tomba	Nierlich
WM	02.1989	Vail	Nierlich	**Bittner**	Giradelli
WC	03.1989	Shigakogen	Nierlich	Furuseth	**Bittner**
WC	08.1989	Thredbo	**Bittner**	Furuseth	Gstrein
WC	01.1990	Kraniska Gora	**Bittner**	Gstrein	Accola
WC	01.1990	Schladming	**Bittner**	Tritscher	Okabe/Ladst.
WC	01.1990	Kitzbühel	Nierlich	Furuseth	**Bittner**
WC	03.1990	Vevsonnaz	**Bittner**	Tomba	Strolz
WC	03.1990	Saelen	Tomba	Nierlich	**Bittner**
WC	01.1992	Kraniska Gora	Tomba	**Bittner**	Jagge
WC	01.1992	Kitzbühel	Tomba	Bianchi	**Bittner**
WC	01.1992	Wengen	Tomba	Accola	**Bittner**
WC	11.1992	Sestriere	Tescari	Tritscher	**Bittner**

Riesenslalom

Event	Datum	Event - Ort	Platz 1	Platz 2	Platz 3
WC	12.1989	Mt. Saint Anne	Mader	Furuseth	**Bittner**

197

Bernhard „Berni" Huber

11. Juli 1967 in Obermaiselstein/Oberallgäu -

Sein Einstieg ins internationale Renngeschehen war vielversprechend, denn mit einer Bronzemedaille bei den Juniorenweltmeisterschaften von Jasna 1985 in der Kombination, mit gerade mal 18 Jahre nachhause zu fahren war für ihn großartig. Bei seinem Einsatz in den Weltcup-Rennen von Wengen, gelingt es ihm im Januar 1988 erstmals Weltcup-Punkte sammeln, erzielt mit dem siebenten Rang in der Kombination. Nach einem Platz 7. in der Weltcup-Abfahrt von Cortina d`Ampezzo am 04. Februar 1990 richten sich die Blicke der Konkurrenten schon respektvoller auf Bernhard Huber. Tatsächlich eröffnet Bernhard Huber die neue Saison 1990/91 mit einem Paukenschlag, als er hinter dem Österreicher Franz Heinzer und vor dem Norweger Atle Skardal Zweiter des Abfahrtslaufes in Gröden wird. Es folgten anschließend noch eine Reihe von TOP-Zehn Ergebnissen in den Abfahrtsläufen. Aber dann erfüllten sich die Hoffnungen des Verbandes und auch die seiner Fans auf weitere Platzierungen auf dem Podest nicht mehr. Auch die Starts bei den Weltmeisterschaften 1989 und 1991, den Olympischen Spielen 1992 und einer weiteren WM in 1996 brachten keine befriedigenden Ergebnisse mehr. Die Saison 1992/93 musste Huber wegen eines Kreuzbandrisses ganz ausfallen lassen. Er kam nochmal zurück und wird Nationaler Meister 1995 in der Abfahrt und im Su-G 1996. Nach einem sehr schweren Sturz im Januar 1997 in Chamonix beendet Berni Huber vorzeitig seine Karriere im Leistungssport.

Slalom

Event	Datum	Event - Ort	Platz 1	Platz 2	Platz 3
WC	12.1990	Gröden	Heinzer	**Huber**	Skardal

Hansjörg Tauscher

15. September 1967 in Oberstdorf –

Die Qualität des Hansjörg Tauscher bestand ausschließlich im Abfahrtslauf, die er am 06. Februar 1989 in Vail im US Staat Colorado bei der WM zu seiner und auch Deutschlands Sternstunde machte. Er war kein Favorit auf der sehr schwierigen Abfahrtspiste, aber Tauscher gelang es, die eine Schlüsselstelle, die „rattle snake alley" (Klapperschlangengasse) optimal und bei mit hohem Tempo zu durchfahren, was ihm am Ende diesen sensationellen Weltmeister-Titel einbrachte. Hansjörg Tauscher sagte etwas später, das er diese Passage der Strecke, eine Bob ähnliche Doppel-S-Kurve ausgiebig und lange besichtigt habe. Im Weltcup dagegen war seine Ausbeute eher mager, sieht man von einem dritten Rang des Abfahrtslaufs im Januar 1992 in Garmisch-Partenkirchen ab. Bei den Olympischen Winterspiele 1992 in Val d`Isere erreicht Tauscher Platz Sieben. Zwei Deutsche Meistertitel im Su-G 1991 und in der Abfahrt 1992 kann er gewinnen. Ähnlich überraschend wie bei der Weltmeisterschaft von Vail, hatte Tauscher 1985 in Jasna/Slowenien bei den Juniorenweltmeisterschaften in der Abfahrt die Silbermedaille gewonnen.

Als Polizeihauptmeister und seines Zeichens Weltmeister genießt er in seinem Geburtsort Oberstdorf großes Ansehen. Hansjörg Tauscher ist Vater von zwei Kindern.

Abfahrtslauf

Event	Datum	Event - Ort	Platz 1	Platz 2	Platz 3
WM	02.1989	Vail	**Tauscher**	Müller	Alpinger
WC	01.1992	Garmisch-P.	Wasmeier	Ortlieb	**Tauscher**

Tobias Barnerssoi

19. Juni 1969 in Eichstätt/Oberbayern -

Tobias Barnerssoi gehörte in 90er-Jahren neben Markus Wasmeier für den Deutschen Ski Veband zu Hoffnungsträger, speziell im Riesenslalom. Von 1988 bis 1999 war er Mitglied im Kader der Ski-Nationalmannschaft. Tobias Barnerssoi aber schaffte nie ganz den internationalen Druchbruch, den man sich auf Grund seines Talents erhoffen durfte. Im Laufe seiner Karriere war Barnerssoi Teilnehmer an drei Weltmeisterschaften, 1991 in Saalbach-Hinterglemm, in Morioka 1993 und in Sierra Nevada 1996, wie an den Olympischen Spielen von Lillehammer 1994. Das Fazit war, keine einzige Nähe an einer Medaille. Was den Weltcup angeht, konnte er sich über zwei Ehrungen auf dem Podium feuen. Im Dezember 1993 gelingt ihm die erste Platzierung im Riesenslalom von Val d`Isere mit Rang Zwei. Knapp vier Wochen später im Januar 1994 bei einem weiteren Riesenslalom in Kranjska Gora nochmals der Sprung auf das Podium, das leider sein letztes im Weltcup wurde, sieht man von den sechs Titeln auf nationaler Ebene im Riesenslalom und Su-G ab.

Das Jahr 1999 bestimmt Tobias Barnerssoi für seinen Rücktritt vom Skirenn-Sport. Heute ist der studierte Diplom-Sportökonom Barnerssoi oft als Kommentator beim Bayrischen Rundfunk und bei der ARD in Sachen Skisport zu sehen und zu hören.

Riesenslalom

Event	Datum	Event - Ort	Platz 1	Platz 2	Platz 3
WC	12.1993	Val d`Isere	Maver	**Barnerssoi**	v. Güningen
WC	01.1994	Kraniska Gora	Nvberg	Belfrond	**Barnerssoi**

Max Rauffer

08. Mai 1972 in Kolbermoor b. Rosenheim –

Stark war Max Rauffer im Abfahrtslauf und dem Su-G. Bestätigt hat er das dann schließlich mit den beiden Weltcup-Platzierungen in Kvitfjell und Gröden, letzterer mit seinem einzigem Sieg im Dezember 2004 in der Abfahrt. Vierzehn Jahre von 1991 bis 2005 ist Max Rauffer ein Mitglied der deutschen Ski-Nationalmannschaft gewesen. Das erste Rennen im Weltcup bestritt er in der Abfahrt von Wengen 1992. Wie schon Eingangs erwähnt kennzeichnen zwei Fixpunkte Max Rauffers Laufbahn. Der erste Höhepunkt, sein dritter Platz in Kvitfjell im November 2000 in Norwegen und nur spektakulärer sein sensationeller Abfahrtssieg in Gröden am 18. Dezember 2004. Dreizehn Jahre nach Markus Wasmeier konnte ein Deutscher wieder einen Erfolg in einer Weltcup-Abfahrt erzielen. Aber ansonsten fuhr Max Rauffer in der Zeit nach dem großartigen Erfolg den Podestplätzen mehr oder weniger hinterher.

Fünfmal wurde er Deutscher Meister: Doppelmeister 1999 in Abfahrt und dem Su-G, wie 1996, 2000 und 2002 noch dreimal Meister im Abfahrtslauf. Im Jahr 2005 im Oktobers verkündet Rauffer aus Gründen von vielen Verletzungen während seiner Karriere den Rücktritt vom Leistungssport. Kreuzbandrisse, Schulterverletzung, Verletzungen im Sprunggelenk, Meniskusschäden und Wirbelbrüche hatten zu gesundheitlichen Problemen geführt. Nach dem Rücktritt begann Max Rauffer ein Studium für das Wirtschafts-Ingenieurwesen in München, und übernahm danach den Schreinerei-Betrieb der Eltern.

Abfahrtslauf

Event	Datum	Event - Ort	Platz 1	Platz 2	Platz 3
WC	03.2000	Kvitfiell	Rahlves	Ghedina	**Rauffer**
WC	12.2004	Gröden	**Rauffer**	Grünenfelder	Grugger

Alois Vogl

15. September 1972 in Neukirchen/Oberpfalz -

Am 16. Januar im Jahre 1994 sammelte Alois Vogl mit seinem 10. Platz beim Hahnenkamm-Rennen in Kitzbühel seine ersten Punkte im Weltcup. Zehn Jahre dauert es, bis das „ewige" Talent, zeitweise gar nicht mehr im Förderkader, seine Anlagen mit einem dritten Platz in Flachau unter Beweis stellen konnte. Und am 9. Januar 2005 fuhr er mit dem 1. Slalom-Erfolg für den Skiverband nach 14 Jahren auf eisige Piste zum Sieg am Lauberhorn von Wengen. Es sollte für Alois Vogl der einzige Sieg bleiben. Auf die kurz bevorstehende WM 2005 in Bormio/Italien musste er wegen einer leidigen Entzündung an den Augen passen. Immer wieder zwangen ihn die langwierige Verletzungen zu überlangen Trainingspausen. So sind insgesamt Vogl´s Podestplatzierungen in der Rennsaison 2005/2006 mit einem Rang Drei in Wengen, dem zweiten Platz von Lenzerheide hinter Mario Matt (Österreich) und seinem weiteren dritten Rang auf dem Podest im Jahr 2007 in Kitzbühel um so bemerkenswerter. Am 21. Oktober 2008 schließlich beendet Alois Vogl seine Rennsportkarriere. Der Polizeibeamter Alois Vogl erfreut sich in seiner Heimatgemeinde immer noch großer Beliebtheit.

Slalom

Event	Datum	Event - Ort	Platz 1	Platz 2	Platz 3
WC	12.2004	Flachau	Rocca	Schönfelder	**Vogl**
WC	01.2005	Wengen	**Vogl**	Kostelic	Raich
WC	03.2005	Lenzerheide	Matt	**Vogl**	Schönfelder
WC	01.2006	Wengen	Rocca	Palander	**Vogl**
WC	01.2007	Kitzbühel	Byggmark	Matt	**Vogl**

Florian Eckert

07. Februar 1979 in Lörrach –

Geboren in Lörrach wuchs Florian Eckert in Bad Tölz auf und startete für den Skiclub Lenggries. Seine Liebe galt der Disziplin Abfahrtslauf, war aber in der Jugend- und Juniorenzeit auch ein recht passabler Läufer zwischen den roten und blauen Slalomstangen. Das bewies er 1997 mit der Bronze-Medaille in Schladming der Weltmeisterschaft bei den Junioren. Sein Start in die erste Weltmeisterschaft bei den Aktiven 2001 glückte ihm perfekt und endet mit der Bronzemedaille im der Abfahrtslauf von St. Anton. Hinter zwei Österreichern, Hannes Trinkl und Hermann Maier gelingt ihm diese Bravourleistung. Noch im März weckt Florian Eckert erneut große Hoffnungen für die Zukunft, denn in Kvitfjell bei den WC-Rennen belegt Eckert in zwei Abfahrtsläufen jeweils den zweiten Rang. Aber es entwickelte sich leider alles ganz anders. Durch eine schwere Knieverletzung war Florian Eckert gezwungen, ganze zwei Jahre zu pausieren.

Zu den Weltmeisterschaften 2005 in Bormio war er halbwegs fit, wie Rang 6 im Su-G und 12 im Abfahrtsrennen belegten. Die deutsche Mannschaft wurde mit ihm, Hilde Gerg, Martina Ertl, Andreas Ertl, Monika Bergmann und Felix Neureuther Team-Weltmeister. Eckert selbst wurde sechsmal deutscher Titel-Träger in der Zeit von 1999 bis 2004: Dreimal im Su-G, zweimal in der Abfahrt und einmal im Slalom.

Aber fortwährende Kniebeschwerden lassen sich nicht mehr ignorieren, und so endet, was so erfreulich begann. Florian Eckert verkündet im September 2005 den Rücktritt von einer leider zu kurzen Zeit im alpinen Skirennsport. Im März 2010 schloss Florian Eckert an der Fachhochschule von München ein Studium für das Fach Feinwerktechnik ab.

Abfahrtslauf

Event	Datum	Event - Ort	Platz 1	Platz 2	Platz 3
WM	02.2001	St. Anton	Trinkl	Maier	**Eckert**
WC	03.2001	Kvitfiell	Maier	**Eckert**	Kius
WC	03.2001	Kvitfiell	Eberharter	**Eckert**	Strobl

Stephan Keppler
01.Februar1983 in Innsbruck -

Stephan Keppler wurde in Innsbruck geboren, wuchs aber in Albstadt/Baden-Württemberg nahe der Schwäbischen Alp auf. Nach seiner Schulausbildung verpflichtete sich Stephan Keppler der Bundeswehr, und gehörte dort einer Sport-Fördergruppe an. Seine Schwerpunktdisziplinen sind Abfahrt und der Su-G. Nach Starts in FIS-Rennen und Europacup wurde Keppler erstmals in den WC-Rennen von 2003 in Garmisch-Partenkirchen eingesetzt. Aber erste Punkte im Weltcup erzielt Stephan Keppler erst im Januar 2006, wieder in Garmisch durch einen 21. Platz der Kandahar-Abfahrt. In dem Jahr wird er Deutscher Meister in Abfahrt und Su-G, letztere Disziplin er dann 2007 noch einmal gewinnt. Mit zwei achten Plätzen in den Weltcup-Rennen Abfahrt und Su-G von Lake Louise qualifiziert sich Keppler für die WM 2007 in Are, ohne aber sehr auffällige Leistungen abzurufen. Auch die Weltmeisterschaften 2009 in Val d`Isere und die Olympischen Spiele 2010 in Vancouver verliefen für ihn und den Verband wenig befriedigend. Dafür wartete Keppler im Dezember 2010 mit einigen TOP Ten-Ergebnissen auf, darunter mit seinem größten Erfolg, einem zweiten Rang im Su-G von Gröden hinter dem Österreicher M. Walchhofer. Einen Monat später stürzt Keppler in der Abfahrt am Lauberhorn in Wengen. In der Saison 2011/12 erzielt er in Gröden im Su-G mit Rang Sechs, später in Kitzbühel mit Platz Acht in der Abfahrt nochmals respektable Ergebnisse. Mit einem elften Platz bei der Abfahrt in Bormio 2012 verzeichnet Stephan Keppler sein allerletztes Weltcup-Resultat, um später wegen fehlender Motivation/Perspektiven nach der Saison 2013/14 zurückzutreten.

Su-G

Event	Datum	Event - Ort	Platz 1	Platz 2	Platz 3
WC	12.2010	Gröden	Walchhofer	**Keppler**	Guay

Felix Neureuther
26. März 1984 in München -

Der Sohn von Eltern, die Mutter Doppel-Olympiasiegerin mit zahlreichen Weltcup-Erfolgen Rosi Mittermaier, und einem Vater mit fast gleich hohem Niveau während dessen Karriere Christian Neureuther, hat es bekanntlich sehr schwer ein solches eventuell belastende Erbe zu übernehmen. Inzwischen ist Sohn Felix Deutschlands erfolgreichster Alpiner bei den Herren geworden, was die Zahl der Siege und Platzierungen auf dem Podest im Weltcup betrifft. Mit drei Jahren stand Felix Neureuther unter Anleitung und Aufsicht seines Vaters früh auf den Skiern. Über die zahlreichen Schüler- und Jugendwettbewerbe entwickelte sich Neureuther zu einem kompletten Ski-Athleten, dessen Stärken Slalom und der Riesenslalom wurden. Im Alter von 19 gewann er 2003 seinen ersten Titel bei den Deutschen Meisterschaften im Slalom, denen er bis dato acht weitere folgen ließ: Slalom (4x), Riesenslalom (5x), Abfahrt (1x). Das Weltcup-Debüt begann für Neureuther im Januar 2003 in Kranjska Gora. In Slowenien bezahlte er durch sein Ausscheiden noch Lehrgeld, doch bei der WM im selben Jahr in St. Moritz wie im Dezember in Madonna di Campiglio reihte er sich bereits mit einem 15. und 8. Platz im Slalom in die Weltklasse ein. Zum ersten Höhepunkt Neureuthers entwickelte sich die Saison 2004/05, als er mit der Mannschaft in Bormio den Weltmeistertitel im Team mit Gold feiern durfte. Den ersten Sprung aufs „Treppchen" im Weltcup gelang im Dezember 2006 in Beaver Creek als Slalom-Dritter. Ansonsten war die weitere Saison einschließlich der in 2007/08 von vielen Enttäuschungen, Ausfällen und Verletzungen geprägt. Dann aber in der Rennserie 2009/10, war deutlich zu beobachten, wie Neureuther stetig zu einem Alpinen von Weltklasse reifte, wenn auch der vierte Rang im Slalom bei den Olympischen Spielen von Sotchi für ihn und die Öffentlichkeit als Enttäuschung empfunden wurde. Aber die Slalomsiege in Kitzbühel wie auch Garmisch-Partenkirchen in 2010 hatten sein Format bereits angedeutet. Es folgten die Siege von Wengen am Lauberhorn, Lenzerheide und Bormio in 2013, ein zweites Mal in Kitzbühel, in Kranjska Gora und Madonna di Campiglio im Jahre 2014. Dann der zweite Erfolg 2015 im Slalom von Wengen nach dem von 2013 ist gleichsam bedeutend wie jene von 2010 und 2014 in Kitzbühel.

Ein weiterer Sieg im Slalom gelingt Neureuther im japanischen Naeba 2016 und in Adelboden ist sein einziger Sieg im Riesenslalom 2014 zu notieren, 41 Jahre nach Max Riegers Weltcup-Sieg 1973 in Mt. Sainte-Anne/Kanada.

Dann endlich gelingt Felix Neureuther seine erste Einzelmedaille bei einer WM zu erzielen: Silbermedaille mit einem zweiten Rang beim Slalom von Schladming 2013 gleich hinter dem Top-Favoriten Marcel Hirscher. Mit der Bronzemedaille im Team-Wettbewerb kam die zweite Medaille hinzu. Eine weitere WM-Medaille konnte Felix Neureuther 2015 in Beaver Creek/USA als Dritter des Slaloms für sich und den Deutschen Ski Verband gewinnen. Im Riesenslalom scheiterte Felix als Vierter denkbar knapp am Podestplatz. Nach der WM aber machten ihm starke Rückenbeschwerden zu schaffen, die Felix Neureuther zu einer monatelangen Unterbrechung des Trainings zwangen. Es stand schon hier das Karriere-Aus im Raum. Aber Felix Neureuther kam zurück und verkündete sein Verbleib in der Skinationalmannschaft bis zu den Olympischen Spielen von Pjöngjang 2018. Neureuther hat auch die Saison 2016/17 wieder in Angriff genommen, die mit guten Ergebnissen einige Hoffnungen zur bevorstehenden WM im Februar in St. Moritz weckten. Am allerletzten Tag der Weltmeisterschaft rettete der sehr emotional auftretende Felix Neureuther mit seiner Bronzemedaille im Slalom den Skiverband vor einer Null-Nummer, was die Medaillen-Ausbeute betraf. Einen Sieg konnte er in 2016/17 nicht mehr verbuchen, dennoch konnte Felix Neureuther mit den Podiumsplatzierungen bei drei zweiten und vier dritten Rängen noch recht gut bilanzieren. Neureuthers Vorbereitungen zur bevorstehenden Rennsaison 2018/19 begannen leider gar nicht optimal. Ein leidiger Kreuzbandriss kostete Neureuther die Teilnahme an den Olympischen Winterspielen 2018. Noch Ende 2017 war er guter Dinge, als er im November im finnischen Levi den letzten von seinen insgesamt dreizehn Weltcupsiegen gewinnen konnte. Eine Handverletzung, ließ nun wohl langsam einen Prozess in Neureuther reifen, die Karriere bzw. die Rennski an den Nagel zu hängen. Es trifft wohl den deutschen Skisport hart einen, der die Weltcup- Klassiker Kitzbühel wie auch Wengen je zweimal gewann, und bei den Männern in Deutschland die Rekordzahl von nun dreizehn Weltcupsiegen errang, verzichten zu müssen. Neureuther gab seinen Rücktritt im März 2019 der Öffentlichkeit zur Kenntnis.

Felix Neureuther

Slalom

Event	Datum	Event – Ort	Platz 1	Platz 2	Platz 3
WC	01.2006	Beaver Creek	Myhrer	Janyck	**Neureuther**
WC	02.2007	Garmisch-P.	Matt	**Neureuther**	Raich
WC	12.2007	Alta Badia	Grange	**Neureuther**	Ligety
WC	01.2008	Adelboden	Matt	Raich	**Neureuther**
WC	01.2009	Adelboden	Herbst	Pranger	**Neureuther**
WC	03.2009	Kraniska Gora	Lizeroux	Razzoli	**Neureuther**
WC	01.2010	Kitzbühel	**Neureuther**	Lizeroux	Razzoli
WC	03.2010	Garmisch-P.	**Neureuther**	Myhrer	Lizeroux
WC	03.2011	Lenzerheide	Razzoli	Matt	**Neureuther**
WC	12.2011	Alta Badia	Hirscher	Razzoli	**Neureuther**
WC	01.2012	Zagreb	Hirscher	**Neureuther**	Kostelic
WC/PSL	02.2012	Moskau	Pinturault	**Neureuther**	Hirscher
WC	03.2012	Schladming	Myhrer	**Neureuther**	Matt
WC	12.2012	Val d`Isere	Pinturault	**Neureuther**	Hirscher
WC	12.2012	Mad. Di Camp.	Hirscher	**Neureuther**	Yuasa
WC/PSL	01.2013	München	**Neureuther**	Hirscher	Pinturault
WC	01.2013	Wengen	**Neureuther**	Hirscher	Kostelic
WC	01.2013	Kitzbühel	Hirscher	**Neureuther**	Kostelic
WM	01.2013	Schladming	Hirscher	**Neureuther**	Matt
WC	01.2013	Lenzerheide	**Neureuther**	Hirscher	Kostelic
WC	01.2014	Bormio	**Neureuther**	Hirscher	Mölgg
WC	01.2014	Wengen	Pinturault	**Neureuther**	Hirscher
WC	01.2014	Kitzbühel	**Neureuther**	Kristoffersen	Thaler
WC	01.2014	Schladming	Kristoffersen	Hirscher	**Neureuther**
WC	03.2014	Kraniska Gora	**Neureuther**	Dopfer	Kristoffersen
WC	03.2014	Lenzerheide	Hirscher	**Neureuther**	Matt
WC	11.2014	Levi	Kristoffersen	Hirscher	**Neureuther**

Felix Neureuther

Slalom

Event	Datum	Event - Ort	Platz 1	Platz 2	Platz 3
WC	12.2014	Are	Hirscher	**Neureuther**	Choroschilow
WC	12.2014	Mad. Di Camp.	**Neureuther**	Dopfer	Byggmark
WC	01.2015	Zagreb	Hirscher	**Neureuther**	Solevagg
WC	01.2015	Wengen	**Neureuther**	Gross	Kristoffersen
WC	01.2015	Kitzbühel	**Neureuther**	Kristoffersen	Thaler
WC	01.2015	Schladming	Choroschilow	Gross	**Neureuther**
WM	02.2015	Beaver Creek	Grange	**Dopfer**	**Neureuther**
WC	12.2015	Val `Isere	Kristoffersen	Hirscher	**Neureuther**
WC	12.2015	Naeba	**Neureuther**	Myhrer	Schwarz
WC	01.2017	Zagreb	Mölgg	**Neureuther**	Kristoffersen
WC	01.2017	Wengen	Kristoffersen	Hirscher	**Neureuther**
WM	02.2017	St. Moritz	Hirscher	Feller	**Neureuther**
WC	03.2017	Kraniska Gora	Matt	Gross	**Neureuther**
WC	03.2017	Aspen	Myhrer	**Neureuther**	Matt
WC	11.2017	Levi	**Neureuther**	Kristoffersen	Hargin

Riesenslalom

Event	Datum	Event - Ort	Platz 1	Platz 2	Platz 3
WC	01.2013	Adelboden	Ligety	Dopfer	**Neureuther**
WC	01.2014	Adelboden	**Neureuther**	Fanara	Hirscher
WC	03.2014	Lenzerheide	Ligety	Pintureult	**Neureuther**
WC	03.2015	Garmisch-P.	Hirscher	**Neureuther**	Raich
WC	12.2015	Val d`Isere	Hirscher	**Neureuther**	Muffat-Jeand.
WC	10.2016	Sölden	Pintureult	Hirscher	**Neureuther**
WC	03.2017	Aspen	Hirscher	**Neureuther**	Faivre

Kombination

Event	Datum	Event - Ort	Platz 1	Platz 2	Platz 3
WC	02.2011	Bansko	Innerhofer	**Neureuther**	Blondin

Romed Baumann

14. Januar 1986 in St. Johann/Tirol -

Der gebürtige Österreicher startet seit der Saison 2019/20 für Deutschland, nachdem sich Romed Baumann nicht mehr in der Nationalmannschaft von Österreich berücksichtigt fand. Baumann galt als Allrounder, der im Laufe seiner Karriere in so gut wie allen Disziplinen eingesetzt werden konnte. So erzielte er, da noch für sein Land Österreich startend, auch hier seine großen Erfolge. Schon 2011 gewann er für Österreich bei der Weltmeisterschaft von Garmisch-Partenkirchen die Silbermedaille mit dem Team, und 2013 bei der WM in Schladming wurde Baumann als 3. in der Alpinen Super-Kombination mit Bronze belohnt.

Aber seinen größten persönlichen Coup landete er, nun seit knapp zwei Jahren für Deutschland und den Deutschen Skiverband am Start, jetzt beim Su-G der alpinen Skiweltmeisterschaften von Cortina d`Ampezzo 2021 mit seiner Silbermedaille. Damit ist Romed Baumann nun der erste Rennläufer der Nachkriegs-Geschichte, der nun bei Weltmeisterschaften für zwei Länder Medaillen gewonnen hat. Nach der Verheiratung Baumann`s mit der ehemaligen Skirennläuferin Veronika Eller aus Deutschland , wurde Romed Baumann auch deutscher Staatsbürger.

Abfahrtslauf

Event	Datum	Event – Ort	Platz 1	Platz 2	Platz 3
WC	03.2023	Soldeu	Kriechmaver	**Baumann**	Sander

Su-G

Event	Datum	Event -Ort	Platz 1	Platz 2	Platz 3
WM	02.2021	Cortina d`Amp.	Kriechmaver	**Baumann**	Pinturault

Fritz Dopfer
24. August 1987 in Innsbruck -

Fritz Dopfer besitzt neben der Deutschen auch die Staatsbürgerschaft von Österreich. Sein Vater war ein Skilehrer aus Deutschland die Mutter kam aus Österreich. Die Kindheit verbrachte Fritz Dopfer im bayrischen Schongau bis er mit den Eltern nach Tirol zog. Im österreichischen B-Kader startete Dopfer bis zum Ende der Saison 2006/07 für Österreich, um im Frühjahr 2007 zum Deutschen Ski Verband wegen besserer Entwicklungschancen zu wechseln. Erste Punkte im Weltcup-Punkte erzielte Fritz Dopfer mit einem 17. Platz in Kranjska Gora im Januar 2010. Kaum besser die Ränge 21 und 15 im Slalom und Riesenslalom bei den Weltmeisterschaften im Februar 2011 in Garmisch-Partenkirchen. Ein knappes Jahr später erreichte Dopfer im Riesenslalom von Beaver Creek in den USA erstmals das Podest als Dritter im Weltcup. Nochmal Dritter, nur spektakulärer im Slalom von Wengen am Lauberhorn. Spätestens ab diesem Zeitpunkt wusste die Elite, das mit Dopfer in beiden Disziplinen künftig zu rechnen sei. Zusammen mit Felix Neureuther und Stefan Luitz bilden diese Drei ein starkes Team im DSV. Weitere Erfolgsmeldungen von Dopfer ließen auch nicht lange auf sich warten: Platz Zwei des Riesenslaloms in Adelboden im Januar 2013, vier Wochen später Bronzemedaille bei der WM in Schladming im Team. Auch in der Rennphase 2014/15 positiver Auftritte von Dopfer im Weltcup und bei der Weltmeisterschaft von Vail: Rang Zwei im Slalom von Kranjska Gora hinter Neureuther, Platz Zwei in Adelboden und die WM-Silbermedaille des Slaloms in Vail. Die restliche Saison schloss Dopfer mit einem weiteren Rang auf Zwei im Riesenslalom von Meribel ab. Die neue Rennsaison 2015/16 hatte für Fritz Dopfer noch einen Höhepunkt parat, denn sein Dritter Platz beim Hahnenkamm Slalom-Klassiker in Kitzbühel sollte sein letztes Podium seiner am Ende erfolgreichen Karriere sein. Es fehlte Dopfer bisher der Sieg in einem WC-Rennen. Unmittelbar vor Beginn der neuen Saison 2016/17 erlitt Fritz Dopfer durch Sturz beim Training im Zillertal einen Schienen- und Wadenbeinbruch. Das Saison-Aus und auch für die Weltmeisterschaften von St. Moritz 2017. Nach Heilung, Reha und dem erneutem Trainingsaufbau kehrt Fritz Dopfer in die Weltcup-Rennen zurück, ohne jedoch zu seiner alter Leistungsstärke zurück zu finden. Im März 2020 gibt er Rücktritt vom Leistungssport bekannt.

Fritz Dopfer

Slalom

Event	Datum	Event – Ort	Platz 1	Platz 2	Platz 3
WC	01.2012	Wengen	Kostelic	Myhrer	**Dopfer**
WC	03.2014	Kraniska Gora	Neureuther	**Dopfer**	Kristoffersen
WC	12.2014	Mad. Di Camp.	Neureuther	**Dopfer**	Byggmark
WC	01.2015	Adelboden	Gross	**Dopfer**	Hirscher
WM	02.2015	Vail	Grange	**Dopfer**	Neureuther
WC	01.2016	Kitzbühel	Kristoffersen	Hirscher	**Dopfer**

Riesenslalom

Event	Datum	Event - Ort	Platz 1	Platz 2	Platz 3
WC	12.2011	Beaver Creek	Hirscher	Ligety	**Dopfer**
WC	01.2013	Adelboden	Legety	**Dopfer**	Neureuther
WC	10.2014	Sölden	Hirscher	**Dopfer**	Pinturault
WC	03.2015	Meribel	Kristoffersen	**Dopfer**	Fanara

Josef „Pepi" Ferstl

29. Dezember 1988 in Traunstein -

Josef Ferstl gehört zum A-Kader des Deutschen Skiverbandes. Erste Sporen verdiente sich Ferstl beim European Youth Olympic Festival Monthey 2005, wo er Slalom-Fünfter und Achter im Su-Gi wurde. Sein Debut im Weltcup hatte Ferstl 2007 in Garmisch-Partenkirchen. Ein Einsatz, der noch keine Aufschlüsse über seine Leistungsstärke gab. Erst im Jahr 2011 wurde Ferstl sporadisch im Weltcup eingesetzt, ohne zu Weltcuppunkten zu kommen. Im Jahr 2013 gelang es Ferstl bei der Kandahar-Abfahrt von Garmisch-Partenkirchen unter die Top 10 zu fahren. Die Saison 2014/15 und 2015/16 brachten für Ferstl nochmal bei zwei Top Zehn Platzierungen Weltcuppunkte. Erst in der Saison 2017/18 ist Ferstl viel stabiler und überrascht im Su-G von Gröden mit seinem ersten Sieg in einem Weltcup. 13 Jahre musste der Deutsche Skiverband auf einen Erfolg in dieser technisch-anspruchsvollen rasanten Disziplin warten. Und am 27. Januar 2019 überrascht „Pepi" Ferstl abermals als erster Deutscher, der den Su-G in Kitzbühel am Hahnenkamm gewinnt. Eine sehr schöne Geschichte hatte sich entwickelt, denn sein Vater „Sepp" Ferstl hatte in den Jahren 1978 und auch 1979 die Abfahrten von Kitzbühel gewinnen können. Josef „Pepi" Ferstl konnte nach den Rennperioden 2020/21 und 22/23 noch zweimal unter die Top Zehn fahren.

Sein lelztes Weltcup-Rennen bestritt Sepp Ferstl jun. in Garmisch-Partenkirchen, um am 26. Januar 2024 dem Wettkampfsport Ade! zusagen.

Su-Gi

Event	Datum	Event - Ort	Platz 1	Platz 2	Platz 3
WC	12.2017	Gröden	Ferstl	Franz	Maver
WC	01.2019	Kitzbühel	Ferstl	Clarev	Paris

Andreas Sander

13. Juni 1989 in Schwelm/Westfalen -

Der gebürtige Westfale wuchs in Ennepetal-Rüggeberg auf. Schon früh im Alter von erst zwei Jahren begann er unter Anleitung der Eltern auf der heimischen Teufelswiese mit dem Skisport. Schließlich holten Talent-Sichter des Deutschen Skiverbandes Sander zur optimalen Förderung ins Skigymnasium Berchtesgaden, und später im Herbst 2006 wechselt er an das Gertrud-von-le-Fort-Gymnasium nach Oberstdorf. Nach mehreren Deutschen Jugendmeisterschaften, vor allem in den schnellen Disziplinen, erzielt Sander den ersten bedeutenden internationale Erfolg: Es ist der Junioren-Weltmeistertitel von 2008 im Su-G von Formigal. Seine Nominierungen für den Start im Weltcup 2010 in Gröden und 2011 in Garmisch-Partenkirchen zur Weltmeisterschaft beendete er in Abfahrt und Su-G mit den Rängen 28 und 21. Aber seit der Saison 2016/17 bis dato entwickelte sich Sander inzwischen zu einem verlässlichen TOP Zehn Fahrer, sowohl bei der WM 2017 in St. Moritz, wie in Kitzbühel, als auch bei den Olympischen Spielen von 2018 in Pjöngjang. Der vorläufiger Höhepunkt von Sander ist der Gewinn der Abfahrts-Silbermedaille bei der Weltmeisterschaften 2021 in Cortina d`Ampezzo, als er mit nur einer Hundertstel Sekunde Rückstand hinter dem Favoriten und zweifachen Titelträger der Weltmeisterschaft, Vincent Kriechmayer aus Österreich durchs Ziel raste. Am 05. März 2023 gelang Andreas Sander die erste Podiumplatzierung mit Rang 2 hinter Superstar Odermatt aus der Schweiz im Super-G.

Abfahrtslauf

Event	Datum	Event - Ort	Platz 1	Platz 2	Platz 3
WM	02.2021	Cortina d`Amp.	Kriechmaver	**Sander**	Feuz
WC	03.2023	Soldeu	Kriechmaver	Baumann	**Sander**

Super-G

Event	Datum	Event - Ort	Platz 1	Platz 2	Platz 3
WC	03.2023	Aspen	Odermatt	**Sander**	Kilde

Stefan Luitz

26. März 1992 in Bolsterlang/Algäu -

Stefan Luitz alleinige Stärke nur im Riesenslalom auszumachen ist nicht sicher, den in seiner Entwicklung zu einem kompletten Skiläufer hat Luitz auch im Slalom Fortschritte in Richtung Top 15 gemacht. Das bewies er im Januar 2017 in Wengen und eine Woche darauf in Kitzbühel mit den Rängen Zehn und Achtzehn. Seit 2007 bis 2009 in FIS- und Europacup-Rennen im Einsatz, wurde Stefan Luitz 2010 Silbermedaillengewinner der Juniorenweltmeisterschaften in Les Houches im Riesenslalom. Und seit der Saison 2010/11 gehört Luitz zum A-Kader im Deutschen Ski Verband und konstant im Aufgebot für die Starts im Weltcup. Aber erst im Februar 2012 erzielte er zwei magere Weltcup-Punkte mit einem 29. Platz im Riesenslalom in Crans-Montana. Im Dezember des selben Jahres gewinnt er mit Platz Zwei in Val d`Isere in seiner starken Disziplin deinen ersten Platz auf dem Podium. Nach der WM 2013 in Schladming verletzt Luitz sich im Training auf der Piste von Garmisch-Partenkirchen durch Kreuzbandriss. Um so überraschender sein dritter Rang nach seiner Rückkehr im Dezember der neuen Saison 2013/14, wieder bei einem Riesenslalom in Val d`Isere. Bei den Olympischen Spielen in Sotchi im 1. Durchgang lag Stefan Luitz auf Platz Platz Zwei, fädelte aber leider im 2. Lauf ein. Das Jahresende beschließt Luitz in Are wiederum mit einem dritten Rang. Annähern drei Jahre ohne den begehrten Platz auf dem Podium beendet Stefan Luitz die Durststrecke mit Rang Drei Ende Januar 2017 in Garmisch-Partenkirchen. Der Dezember ist bei den Rennen von Stefan scheinbar ein guter Monat, denn wieder kann er mit den Riesenslaloms von Beaver Creek in den USA und Val d`Isere in Frankreich zwei Podeste besteigen. Das Jahr 2018 ist von der Anzahl der WC- Plätze auf dem Podium mager ausgefallen, aber es brachte ihm den ersten ersehnten Weltcup-Sieg im Riesenslalom in Beaver Creek, der ihm erst viel später nach Abwehr eines Protests zuerkannt wurde. Ein zweiter Rang in einem Parallel-Riesenslalom in Alta Badia ist sein bisher letztes Podiumergebnis. Eine wahre Folge von Verletzungen in 2019 und 2020 verhindern weitere Starts im Weltcup. Und die Einsätze in der vergangenen Saison 2020/21 im Weltcup und bei den Weltmeisterschaften von Cortina d`Ampezzo waren keine Rennen um Siege oder Podiumsplätze sondern Rennen, um zu alter Stärke zurück zu finden.

Stefan Luitz

Riesenslalom

Event	Datum	Event - Ort	Platz 1	Platz 2	Platz 3
WC	12.2012	Val d`Isere	Hirscher	**Luitz**	Ligety
WC	12.2013	Val d`Isere	Hirscher	Fanara	**Luitz**
WC	12.2014	Are	Hirscher	Ligety	**Luitz**
WC	01.2017	Garmisch-P.	Hirscher	Olsson	**Luitz**
WC	03.2017	Beaver Creek	Hirscher	Christoffersen	**Luitz**
WC	12.2017	Val d`Isere	Pinturault	**Luitz**	Hirscher
WC	02.2018	Beaver Creek	**Luitz**	Hirscher	Tumler
WC/PRSL	12.2019	Alta Badia	Windingstad	**Luitz**	Leitinger

Linus Strasser

06. November 1992 in München -

In der Saison 2014/15 gelangte Linus Strasser in den Kader für den Start in den prestigeträchtigen Weltcup. Bei den vorangegangenen Einsätzen in FIS-Rennen und im Europacup deutete Linus Strasser sein großes Talent schon mehrfach an. Sein Debut im Weltcup gab Strasser am 27. Oktober 2013 im Riesenslalom von Sölden. Gleichfalls im Riesenslalom konnte er im Jahre 2014 des Titel eines Deutschen Meisters erringen. Zu ersten Weltcuppunkten kam er am 06. Januar 2015 beim Slalom von Zagreb mit seinem 20. Platz. Weiter aufwärts ging die Formkurve mit 14. Rang beim Slalom von Kitzbühel. Und nur eine Woche später folgte Platz fünf in Schladming. Die guten Ergebnisse veranlassten den DSV, Linus Strasser für die Weltmeisterschaften 2015 in Vail/USA zu nominieren. Er dankte für das Vertrauen mit dem 10. Platz im Slalom. Die faustdicke Überraschung aber dann sein sensationeller Sieg im Weltcup-Parallelslalom vom 31. Januar 2017 in Stockholm. Es war der erste deutsche Erfolg wieder nach Felix Neureuthers Slalomsieg am 14. Februar 2016 im japanischen Naeba. Immerhin dauert es glatte 3 Jahre bis Linus Strasser durch den Slalomsieg in Zagreb und den zweiten Rang des Slaloms von Adelboden in die Weltklasse vorrücken konnte. In diesem Segmente oder Kreis zu bleiben ist nicht leicht, wie die weiteren Rennen des Weltcup's und die Weltmeisterschaft in Cortina d`Ampezzo aufzeigten. Aber Strasser kam zurück mit seiner besten Saison bisher in 2023/24. Fünfmal stand er auf dem Podest u.a. mit den zwei den wertvollen Siegen von Kitzbühel und Schladming.

Linus Strasser

Slalom

Event	Datum	Event - Ort	Platz 1	Platz 2	Platz 3
WC/PSL	01.2017	Stockholm	**Strasser**	Pinturault	Hargin
WC/PSL	01.2018	Oslo	Myhrer	Matt	**Strasser**
WC/PSL	01.2018	Stockholm	Zenhäusern	Myhrer	**Strasser**
WC	01.2018	Zagreb	**Strasser**	Feller	Schwarz
WC	01.2021	Adelboden	Schwarz	**Strasser**	Ryding
WC	01.2022	Adelboden	Strolz	Feller	**Strasser**
WC	01.2022	Schladming	**Strasser**	Mc Grath	Feller
WC	02.2022	Garmisch-P.	Christoffersen	Ryding	**Strasser**
WC	02.2022	Mad.di Camp.	Yule	Christoffersen	**Strasser**
WC	01.2023	Adelboden	Braathen	Mc Grath	**Strasser**
WC	01.2024	Kitzbühel	**Strasser**	Jakobsen	Yule
WC	01.2024	Schladming	**Strasser**	Haugan	Noel
WC	02.2024	Lake Tahoe	Feller	Noel	**Strasser**
WC	03.2024	Aspen	Maillard	**Strasser**	Christoffersen
WC	03.2024	Saalbach	Haugan	Feller	**Strasser**

217

Thomas Dreßen

22. November 1993 in Garmisch-Partenkirchen -

Als 14-jähriger verließ Thomas Dreßen die Grundschule von Mittenwald und wechselte halber bessere Trainingsmöglichkeiten in die Ski-Schule von Neustift im Stubaital, um bald darauf im Skigymnasium von Saalfelden Aufnahme zu finden. Dreßens Leistungspotenzial offenbarte sich für den Skiverband erstmals 2012 bei Dreßen`s Silbermedaille bei der Junioren-WM in Roccaraso. Und sein Durchbruch im Weltcup gelang fünf Jahre später in der Saison 2017/18, als der 25-jährige in Beaver Creek/USA auf den 3. Rang fuhr, und sechs Wochen später sensationell die Hahnenkamm Abfahrt in Kitzbühel für sich entschied. Beeindruckend auch die Saison 2019/20 mit drei Abfahrtssiegen und weiteren Podiumsplätzen. Einen im November 2018 erlittener Kreuzbandschadens in der Abfahrt von Beaver Creek wiedermal mit Zwischenbestzeit stürzend, hatte später noch Folgen. Vorläufiges Aus! Ob Thomas Dreßen, unser Speed-As für Abfahrt und Su-G bis zur WM 2021 in Cortina d Ampezzo rechtzeitig wieder fit wird, wird sich erst zeigen. Weitere Verletzungen und deren Folgen zwangen ihn im Januar 2024 in Kitzbühel vor seinem letzten Abfahrtsrennen sein Karriereaus zu verkünden.

Abfahrtslauf

Event	Datum	Event - Ort	Platz 1	Platz 2	Platz 3
WC	12.2017	Beaver Creek	Svindal	Feuz	Dreßen
WC	01.2018	Kitzbühel	Dreßen	Feuz	Reichelt
WC	03.2018	Kvitfiell	Dreßen	Feuz	Svindal
WC	11.2019	Lake Louise	Dreßen	Paris	Janka - Feuz
WC	01.2020	Wengen	Feuz	Paris	Dreßen
WC	02.2020	Garmisch-P.	Dreßen	Kilde	Clarav
WC	02.2020	Saalbach	Dreßen	Feuz	Caviezel

Su-G

Event	Datum	Event - Ort	Platz 1	Platz 2	Platz 3
WC	03.2018	Are	Kriechmaver	Innerhofer	Dreßen
WC	12.2019	Gröden	Kriechmaver	Jansrud	Dreßen
WC	02.2020	Saalbach	Kilde	Caviezel	Dreßen

Alexander Schmid

09. Juni 1994 in Oberstdorf -

Bereits im Alter von gerade mal zwei Jahren begann Alexander mit dem Skifahren. Nach Erfolgen auf Gau- und Landesebene wurde er ein Mitglied in der Lehrgangs – gruppe 1a im Nationalteam. Am 9. Februar 2015 im 19. Rennen des Europacups konnte Schmid im Riesenslalom von Bad Hindelang den ersten Sieg feiern.Der erste Einsatz im renomierten Weltcup dann im Oktober 2014 in Sölden. Im Frühjahr 2015 errang er bei der Juniorenweltmeisterschaft von Hafjell mit dem Team die Bronzemedaille. Beim Weltcup im Riesenslalom im französichen Val`Isere des Jahres 2017 sammelte Schmid erste Weltcuppunkte mit Platz 6 und aqualifiziere sich für die Olympischen Winterspiele in Pjöngjang 2018. Der erste Podestplatz im Weltcup gelang ihm im Februar 2020 in einem Parallelriesenslalom in Chamonix mit einem 3. Rang, dem Schmid im November des selben Jahres einen weiteren Podestplatz mit Rang 3 in Lech am Arlberg folgen ließ. Und im Februar 2021 gewann er zusammen mit dem Team bei den Weltmeisterschaften in Cortina die Bronzemedaille. Ein 3. Rang im Riesenslalom von Alta Badia im Dezember zeugt, das Schmid inzwischen in der Weltklasse angekommen ist. Inzwischen sein bisher grösster Erfolg der Titel des Weltmeisters im französichen Meribell im Paralell-Riesenslalom am 15. Februar 2023.

Riesenslalom

Event	Datum	Event - Ort	Platz 1	Platz 2	Platz 3
WC/PRSL	02.2020	Chamonix	Meillard	Tumler	**Schmid**
WC/PRSL	11.2020	Lech	Pinturault	Kristoffersen	**Schmid**
WC	12.2021	Alta Badia	Odermatt	Aliprandini	**Schmid**
WM/PRSL	02.2023	Meribell	**Schmid**	Raschner	Haugan

Nachbetrachtung

Fast 100 Jahre Leistungssport von deutschen Alpinen im Wettstreit mit der Elite in der Welt zeigt auf, das es dem Deutschen Ski Verband (DSV) in seiner Funktion und Arbeit immer gelungen ist, Spitzensportler zu formen, sie zu motivieren und zur Weltklasse heran zu führen. Der Topf ist nicht so voll, oder sagen wir besser das Reservoir beim Nachwuchs ist nicht so groß, die Erfolge auf nicht so breiter Basis und dominierend wie bei unserem Nachbarnland Österreich. Aber mittlerweile ernten die Früchte des Erfolges auf den alpinen Pisten auch andere Nationen wie Frankreich, Italien, Schweiz, USA, Norwegen, die Schweden, aber inzwischen auch noch kleinere Länder wie Kroatien, Slowenien, aber auch Deutschland.

Augenblicklich auf die Perspektiven im alpinen Leistungssport in Deutschland blickend, sind nach vielen Jahren des Übergewichts bei den Damen inzwischen die Aussichten bei den Herren, Erfolge innerhalb der Weltklasse abzugreifen ein wenig günstiger einzuschätzen.. Bei unseren Damen mit den erfolgreichen Vorbildern Maria Riesch und Viktoria Rebensburg tut sich personell eine große Leistungslücke auf, die zu schließen einer Christina Geiger oder Lena Dürr momentan nicht gelingt. Der Rücktritt von Maria Riesch im Jahr 2013 macht das hinterlassene Vakuum schmerzlich bewusst, erst recht dann, wenn man an ein eventuelles Karriereende von Viktoria Rebensburg nur nachdenkt. Und den Jüngeren im Damenkader ist ein Sprung auch nur in die Nähe der Ränge 1 bis 3 in absehbarer Zeit nicht nicht möglich. Es bleibt zu hoffen, dass es dem Deutschen Ski Verband gelingt, bei der Sichtung nach Talenten und der dazu notwendigen Unterstützung wieder ein Perspektiv-Team mit Chancen auf dem „Stockerl" aufbieten kann. Inzwischen ist mit Kira Weidle bei den Damen, schon mehrfach auf dem Podium, wieder eine echte Anwärterin für zu vergebene Plätze auf dem Podest geworden.

Bei den Herren hat Felix Neureuthers und Fritz Dopfers Rücktritt 2019 bzw. 2020 natürlich eine so schnell nicht zu schließende Lücke für potenzielle Plätze auf dem Podium hinterlassen. Aber ganz so düster sieht es bei den Herren nicht aus, sind noch mit den Rennläufern Linus Strasser, Stefan Luitz, Alexander Schmid, Thomas Dreßen, Josef Ferstl, Andreas Sander und Romed Baumann, alles Weltcupsieger oder Medaillengewinner bei Welttitel-Kämpfen, die den Deutschen Ski Verband relativ gelassen in die nahe Zukunft blicken lassen kann.

Damen

Abfahrtslauf – Slalom – Riesenslalom – Su-G – Kombination

Datum	Event	Event - Ort	Name	Platz

Damen

Abfahrtslauf – Slalom – Riesenslalom – Su-G – Kombination

Datum	Event	Event - Ort	Name	Platz

Damen

Abfahrtslauf – Slalom – Riesenslalom – Su-G – Kombination

Datum	Event	Event - Ort	Name	Platz

Damen

Abfahrtslauf – Slalom – Riesenslalom – Su-G – Kombination

Datum	Event	Event - Ort	Name	Platz

Damen

Abfahrtslauf – Slalom – Riesenslalom – Su-G – Kombination

Datum	Event	Event - Ort	Name	Platz

Damen

Abfahrtslauf – Slalom – Riesenslalom – Su-G – Kombination

Datum	Event	Event - Ort	Name	Platz

Herren

Abfahrtslauf – Slalom – Riesenslalom – Su-G – Kombination

Datum	Event	Event - Ort	Name	Platz

Herren

Abfahrtslauf – Slalom – Riesenslalom – Su-G – Kombination

Datum	Event	Event - Ort	Name	Platz

Herren

Abfahrtslauf – Slalom – Riesenslalom – Su-G – Kombination

Datum	Event	Event - Ort	Name	Platz

Herren

Abfahrtslauf – Slalom – Riesenslalom – Su-G – Kombination

Datum	Event	Event - Ort	Name	Platz

Herren

Abfahrtslauf – Slalom – Riesenslalom – Su-G – Kombination

Datum	Event	Event - Ort	Name	Platz

Herren

Abfahrtslauf – Slalom – Riesenslalom – Su-G – Kombination

Datum	Event	Event - Ort	Name	Platz